Las Respuestas De Dios Para Los Problemas De Hoy

KAY ARTHUR
PETE DE LACY

Este libro fue publicado en inglés con el título "GOD'S ANSWERS FOR TODAY'S PROBLEMS" por Harvest House Publishers.
2007 por Ministerios Precepto.

ISBN   978-1-62119-187-2

2020, Edición Estados Unidos

Contenido

❦ ❦ ❦ ❦

CÓMO EMPEZAR...

¡A veces leer instrucciones es difícil y pocas veces agradable! Por lo regular solo deseas comenzar. Solamente si todo lo demás falla entonces lees las instrucciones. Te comprendemos, pero por favor no hagas eso con este estudio. Estas cortas instrucciones son vitales para comenzar este estudio correctamente.

PRIMERO

Al estudiar Proverbios, necesitarás cuatro cosas además de este libro:

1. Una Biblia que estés dispuesto a marcar. Marcar es esencial porque es una parte integral del proceso de aprendizaje y te ayudará a recordar y retener lo que has aprendido. Una Biblia ideal para este propósito es la *Biblia de Estudio Inductivo (BEI.)* La *BEI*, disponible en la versión La Biblia de los Hispanos, viene con el texto bíblico en una sola columna y tipo de letra grande y fácil de leer, ideal para marcar. Los márgenes son amplios para tomar notas.

Esta (BEI) también tiene instrucciones para el estudio de cada uno de los libros de la Biblia, pero no tiene ningún comentario sobre el texto, tampoco está recopilado de ninguna postura teológica. Su propósito es enseñarte cómo discernir la verdad por ti mismo a través del método de estudio inductivo. (Los diversos cuadros y mapas que encontrarás son tomados de la *BEI*).

Cualquiera que sea la Biblia que uses, necesitarás marcar en ella, lo que nos lleva a las otras cosas que necesitarás.

2. Un juego de lápices de colores que podrás utilizar para escribir en tu Biblia.

3. Un bolígrafo de cuatro colores para marcar tu Biblia o varios bolígrafos de diferentes colores para escribir en tu Biblia.

4. Un cuaderno de notas para tus trabajos y para hacer tus anotaciones.

SEGUNDO

1. Al estudiar Proverbios, encontrarás instrucciones específicas para cada día de estudio. El estudio debería tomarte entre 20 y 30 minutos diarios. Sin embargo, mientras más tiempo le dediques al estudio, más grandes serán los dividendos espirituales y mayor tu intimidad con la Palabra de Dios y el Dios de la Palabra.

Si estás haciendo este estudio en una clase y encuentras que las lecciones son muy pesadas, haz lo que puedas. Hacer un poco es mejor que no hacer nada. No seas una persona de "todo o nada" cuando se trata del estudio de la Biblia.

Como advertencia, necesitas saber que cualquier tiempo que le dediques a la Palabra de Dios, estarás entrando en una batalla intensiva con el diablo (nuestro enemigo). ¿Por qué? Cada pieza de la armadura del cristiano está relacionada con la Palabra de Dios. Y el enemigo no quiere que estés preparado para la batalla. Recuerda que nuestra única arma ofensiva es la espada del Espíritu, que es la Palabra de Dios y es suficiente para vencer al enemigo.

2. Al leer cada capítulo, toma el hábito de interrogar el texto con las seis preguntas básicas: quién, qué, cómo, cuándo, dónde y por qué. Al hacer preguntas como estas y buscar las respuestas, te estás ayudando a ver exactamente lo que la Palabra de Dios dice. Cuando interrogas el texto con las seis preguntas básicas, haces preguntas como:

    a. **¿Quiénes** son los personajes principales?

    b. ¿De **qué** se trata el capítulo?

    c. **¿Cuándo** tiene lugar este evento o enseñanza?

d. **¿Dónde** ocurre esto?

e. **¿Por qué** sucede o se dice esto?

f. **¿Cómo** sucedió esto?

3. En la mayoría de los libros de la Nueva Serie de Estudio Inductivo, recomendamos que marques las referencias cronológicas (tiempo) y geográficas (lugares) para que puedas determinar el contexto de cada pasaje. Sin embargo, no son esenciales para entender el libro de Proverbios, así que no te pediremos que las marques en este estudio.

4. A través del estudio te pediremos que marques ciertas palabras claves. Este es el propósito de tener lápices o bolígrafos de colores. Si bien puede parecer que toma mucho tiempo, descubrirás que esta es una herramienta de aprendizaje valiosa. Si desarrollas el hábito de marcar de esta forma tu Biblia, encontrarás que tu estudio será más efectivo y recordarás mucho más.

Una **palabra clave** es una palabra importante que el autor usa repetidamente para comunicar su mensaje a los lectores. Algunas palabras claves aparecerán a través de Salmos; otras se concentrarán en un salmo específico. Cuando marcas una palabra clave, debes marcar también sus sinónimos (palabras con el mismo significado dentro del contexto) y pronombres (*él, ella, su, eso, nosotros, ellos, nuestro, tu, ellos*) de la misma forma que marcaste la palabra clave. Además, marca cada palabra de la misma manera en todas sus formas (como juez, juicio y juzgar). Te daremos sugerencias sobre cómo marcar las palabras clave en tus tareas diarias.

Se puede marcar palabras para identificarlas fácilmente usando colores, símbolos o una combinación de ambos. Sin embargo, los colores son más fáciles de distinguir que los símbolos. Si usas símbolos, te sugerimos que sean muy simples.

Por ejemplo, podrías dibujar una nube púrpura alrededor de la palabra sabiduría y colorearlo de esta manera: sabiduría.

Cuando marques las palabras clave, hazlo de manera que sea fácil de recordar.

Al comenzar esta nueva aventura, te recomendamos que diseñes un sistema de codificación de color para marcar las palabras clave que decidas marcar a lo largo de tu Biblia. Luego, cuando abras tu Biblia, reconocerás instantáneamente las palabras.

Querrás hacerte un separador de páginas con una lista de las palabras que quieres marcar y sus colores y/o símbolos. Mencionaremos algunas palabras específicas en cada capítulo de Proberbios, pero querrás buscar las palabras a continuación para marcarlas desde el principio:

Adúltera, prostituta, mujer insensata

Mandamiento, instrucción, conocimiento, enseñanza, entendimiento

Mal, iniquidad, pecado, maldad, abominación, insensato

Humilde, humildad

Perezoso, pereza

Boca, palabras, labios, lengua, palabra amable, palabra hiriente

Pobre, pobreza

Orgullo, orgulloso, arrogante, sabio a sus propios ojos

Justo

Riquezas, rico

Vino

Sabio, sabiduría

5. El PANORAMA GENERAL DE PROVERBIOS se encuentra localizado en la página 107. Cuando completes tu estudio de un capítulo, registra el tema principal de ese capítulo en el cuadro correspondiente. El tema de capítulo es una descripción breve o resumen del tema, enseñanza o evento principal cubierto en ese capítulo.

Si llenas los cuadros de PANORAMA GENERAL DE PROVERBIOS a medida que progresas en el estudio, tendrás una sinopsis completa del libro de Proverbios cuando termines. Si tienes una *Biblia de Estudio Inductivo*, encontrarás el mismo cuadro en tu Biblia (página 989). Si registras los temas aquí, los tendrás disponibles para una rápida referencia.

6. Comienza tu estudio en oración. Al hacer tu parte para manejar la Palabra de Dios con precisión, recuerda que la Biblia es un libro divinamente inspirado. Las palabras que estás leyendo son la verdad absoluta, revelada por Dios para que puedas conocerlo a Él y Sus caminos más íntimamente. Estas verdades se entienden de manera sobrenatural.

> Pero Dios nos las reveló por medio del Espíritu, porque el Espíritu todo lo escudriña, aun las profundidades de Dios. Porque entre los hombres, ¿quién conoce los pensamientos de un hombre, sino el espíritu del hombre que está en él? Asimismo, nadie conoce los pensamientos de Dios, sino el Espíritu de Dios. (1 Corintios 2:10,11).

Por tanto pídele a Dios que te revele Su verdad a medida que te guía a ella. Él lo hará si tu se lo pides.

7. Cada día, al finalizar tu lección, medita en lo que aprendiste. Pregunta a tu Padre celestial cómo debes vivir a la luz de las verdades que acabas de estudiar. A veces,

dependiendo cómo Dios te habla a través de Su Palabra, querrás registrar estas LPV ("Lecciones para la Vida") en el margen de tu Biblia y luego, tan breve como te sea posible, registra la lección para la vida que quieres recordar.

TERCERO

Este estudio está diseñado de tal manera que tengas una tarea por cada día de la semana. Esto te pondrá donde debes estar, diariamente en la Palabra de Dios, absorbiendo sistemáticamente y utilizando la verdad. ¡Es revolucionario!

El séptimo día de cada semana tiene algunas características que son diferentes de los otros seis días. Estas están diseñadas para ayudar en el discipulado personal, discusiones de grupos y clases de escuela dominical. Sin embargo, son también útiles incluso si estás estudiando este libro solo.

El "séptimo" día es cualquier día que escojas de la semana para pensar y/o discutir el estudio de la semana. En este día, encontrarás uno o dos versículos para memorizar y por tanto GUARDAR EN TU CORAZÓN. Esto te ayudará a enfocarte en una verdad que haya sido cubierta por tu estudio de esa semana.

Para asistir a aquellos que utilizan el material para discipulado, devocionales familiares o clases de escuela dominical o estudio bíblico, hay PREGUNTAS PARA DISCUSIÓN O ESTUDIO INDIVIDUAL. Cualquiera que sea tu situación, buscar responder estas preguntas te ayudará a razonar a través de los temas clave en el estudio.

Si estás utilizando el estudio en un contexto de grupo, asegúrate de que las respuestas dadas estén fundamentadas en el texto bíblico. Esta práctica te ayudará a asegurar que estás manejando la Palabra de Dios con precisión. A medida que aprendas a ver lo que el texto dice, encontrarás que la Biblia se explica a sí misma.

Siempre examina tus ideas observando cuidadosamente el texto para ver lo que dice. Luego, antes de decidir lo que el pasaje de la Escritura significa, asegúrate de interpretarlo a la luz de su contexto. El contexto es lo que está alrededor del texto... lo que precede y lo que sigue a lo que está escrito. La Escritura nunca contradecirá a la Escritura. Si un pasaje de la Escritura parece contradecir el resto de la Palabra de Dios, podrás estar seguro de que algo se está llevando fuera del contexto. Si te topas con un pasaje que es difícil de entender, reserva tus interpretaciones para el momento en que puedas estudiar el pasaje con mayor profundidad.

El propósito del PENSAMIENTO PARA LA SEMANA es ayudarte a aplicar lo que has aprendido. Hemos hecho esto para tu edificación. Aquí, un poco de nuestra teología inevitablemente surgirá a la superficie; sin embargo, no te pedimos que siempre estés de acuerdo con nosotros. Más bien, medita en lo que se dice, a la luz del contexto de la Palabra de Dios. Puedes determinar cuán valioso es.

Recuerda, los libros de la Nueva Serie de Estudio Inductivo son cursos panorámicos. Si quieres hacer un estudio más profundo de un libro en particular de la Biblia, te sugerimos hacer un curso de estudio bíblico Precepto sobre Precepto de ese libro. Puedes obtener más información sobre estos cursos, contactando a la oficina de Precepto en tu país.

LAS RESPUESTAS DE DIOS
PARA LOS PROBLEMAS DE HOY

ᕲᕲᕲᕲ

¿Qué tienen en común Jeanne Phillips (también conocida como Abigail Van Buren), Dra. Laura Schlessinger y el Dr. Phil McGraw?

¡Todos dan consejos! La gente quiere saber cómo solucionar sus problemas, cómo mejorar sus vidas. Las muchas historias presentadas revelan que el mundo está lleno de personas con ideas insensatas de cómo vivir. Sus vidas son un desastre, así que acuden a profesionales que parecen tener todas las respuestas, que tienen mucho éxito en la vida.

Pero, ¿son *sus* respuestas realmente las mejores? ¿Cómo lo podemos saber? ¿Qué pasa si la Dra. Laura y el Dr. Phil no están de acuerdo? ¿Quién tiene la razón? ¿Están sus respuestas basadas en la experiencia personal? ¿A dónde acuden estos supuestos expertos cuando necesitan consejo? ¿De quién obtienen sus respuestas y cómo sabemos si estos expertos están en lo correcto?

El debate sobre quién tiene la razón viene desde el jardín del Edén, cuando Satanás cuestionó lo que Dios le dijo a Adán y Eva e incluso lo acusó a Él de no decirles la verdad. Desde ese día, el hombre no ha parado de buscar la verdad, aunque mucha gente hoy en día duda que la verdad objetiva y absoluta siquiera existe. Algunos llaman a nuestros tiempos la era postmoderna, en la cual la verdad es relativa al individuo, a cualquier cosa que *tu* pienses que es verdad. De esta manera, la Dra. Laura y el Dr. Phil dan *sus* versiones de la verdad, para responder todo tipo de preguntas y resolver cada problema.

¿Cómo pasamos de su verdad a nuestra verdad? ¿Qué nos hace pensar que sus experiencias se aplicarán a nosotros? (¡ya sabemos que no tenemos el dinero que ellos tienen!). ¿Se supone que debemos procesar lo que dicen sin analizarlo? ¿Cómo sabemos que tienen razón y qué pasa si no estamos de acuerdo? ¿Cómo sabemos que la verdad sale de la confusión a la que llamamos experiencia?

¿Y qué hay de nuestra dependencia en estos gurús? Si vivimos nuestras vidas en este mundo según sus verdades, ¿Qué tipo de vida tendremos? ¿Qué pasa cuando dejan de transmitir sus programas o de escribir sus libros? ¿Durará para siempre su consejo? ¿Soportará el paso del tiempo?

Pablo dijo a la iglesia de Corinto que él habla "una sabiduría no de este siglo, ni de los gobernantes de este siglo, que van desapareciendo, sino...sabiduría de Dios" (1 Corintios 2:6-7). Él declaró que la sabiduría de Dios es diferente a la de los hombres, tan diferente como es lo eterno de lo temporal. Qué declaración, ¡sabiduría para todos los tiempos! Eso significa que las generaciones pasadas tenían acceso a ella; no se la perdieron porque no vivieron lo suficiente para escuchar a nuestros expertos del siglo 21. Esta sabiduría siempre ha estado disponible para todos, y ahora está aquí para nosotros.

Mil años antes de que Pablo escribiera, Dios puso a Salomón como rey sobre Israel y lo hizo más sabio que todos los hombres que habían vivido. La amenaza de Salomón de cortar a un bebé por la mitad para determinar su verdadera madre se ha convertido en una historia muy conocida incluso para los que no leen la Biblia. Esta sabiduría es reconocida como más allá del razonamiento de cualquier hombre. ¿Quién pudo haber concebido naturalmente una idea como esa?

Dios escogió a Salomón, Pablo y otros siervos fieles para registrar Su sabiduría sobrenatural. Una parte de esta sabiduría está plasmada en el libro de Proverbios. Aunque fue escrito hace casi 3000 años, estos dichos de sabiduría son verdades para todos los tiempos.

Debido a que son las verdades atemporales de Dios, nos muestran cómo vivir sabiamente en nuestros tiempos, incluso a medida que nuestra cultura cambia con el ir y venir de las Dras. Laura y los Dres. Phil.

Isaías 40:8 dice, "La Palabra de nuestro Dios permanece para siempre". Los proverbios de Dios nos dan respuestas a los problemas de ayer, hoy y mañana. Así que al comenzar, considera este consejo: "Dejen de considerar al hombre, cuyo soplo de vida está en su nariz. Pues ¿en qué ha de ser él estimado?" (Isaías 2:22). Tan solo el Dios inmortal puede dar la verdad eterna.

PROVERBIOS

*I*NTRODUCCIÓN A
*P*ROVERBIOS

La Biblia está compuesta por 66 libros de diferentes longitudes y estilos, escritos por diferentes autores a lo largo de muchos años y con diferentes propósitos. Sin embargo a pesar de esta variedad, la Biblia misma dice que es inspirada por Dios y "útil para enseñar, para reprender, para corregir, para instruir en justicia" (2 Timoteo 3:16). Eso significa que nos enseña la verdad desde el comienzo hasta el fin, mostrándonos cómo no hemos podido alcanzar los ideales de Dios o nos hemos simplemente rebelado en contra de Su Ley, cómo regresar donde necesitamos estar y cómo vivir en relación con Dios.

El libro de Proverbios te enseñará estas cosas si lo estudias, lo llevas contigo en tu corazón y vives por él. En su uso común, el término *proverbio* significa un dicho; una idea popular y común que es verdadera sobre determinadas circunstancias de la vida. Nosotros usamos proverbios en nuestro hablar diario. Ellos varían de cultura en cultura y muchos son consistentes con la enseñanza bíblica. Por ejemplo, Benjamín Franklin publicó "un centavo ahorrado es un centavo ganado" en *el Almanaque del Pobre Ricardo.* "Una piedra que rueda no acumula musgo" promueve la actividad en lugar del

19

letargo (compara Proverbios 6:9-11; 10:4; 13:4; 21:25). "Un insensato pronto se separa de su dinero" nos advierte sobre el consumo excesivo (ver Proverbios 13:18; 23:21). "Una puntada a tiempo ahorra nueve" nos motiva a hacer las cosas y no a posponerlas (como Proverbios 20:13 y 28:19). "La manzana podrida arruina todo el canasto" nos aconseja tener cuidado de las compañías que elegimos (ver Proverbios 22:24; 1 Corintios 5:11; 15:33).

¿Ya tienes la idea? Estos dichos generalmente están de acuerdo con nuestras experiencias. Muchos usan metáforas, como la piedra rodante y la puntada. El dicho es literalmente verdadero, una puntada a tiempo evitará que se agrande el hueco que después pueda necesitar muchas, pero el principio detrás es aplicable a docenas de otras situaciones. Este es un principio general, no uno universal. No promete que cada puntada ahora ahorrará nueve puntadas más adelante o que si no hacemos ninguna puntada ahora tendremos que hacer nueve después. Más bien, indica el principio general que posponer las reparaciones ahora, requerirá de más reparaciones más adelante (son posibles gastos de más tiempo y dinero).

Los proverbios bíblicos son lo mismo, principios generales y no promesas universales. El entender esto prevendrá el dolor cuando las "promesas" no se cumplan. Los proverbios en el libro de Proverbios son principios atemporales a seguir. Estas guías para tomar sabias decisiones, te ayudarán a vivir la vida que Dios quiere que vivas a plenitud. En este mundo insensato, el vivir sabiamente es un desafío; todos necesitamos ayuda. ¿Qué mejor ayuda que los proverbios de Dios para la vida?

Cuando observamos estos principios en Proverbios, necesitamos entender el tipo de literatura que estamos leyendo. Los judíos dividen su *Tanak* (la Biblia hebrea) en la *Torá* (Ley), *Nevi'im* (Profetas) y *Ketuvim* (Escrituras). El libro de Proverbios está en el *Ketuvim*, dichos de sabiduría.

Según esto, las biblias cristianas clasifican a Proverbios como literatura y poesía de sabiduría. La principal característica de la poesía hebrea es el paralelismo y no la rima o la métrica como la poesía en español. Dos líneas en un versículo tratan el mismo tema, algunas veces comparando, algunas veces contrastando. A medida que lees, nota la línea que explica o amplifica la anterior, lo dice con una descripción o metáfora diferente o muestra su opuesto.

Conocimiento, Sabiduría
e Insensatez

ॐॐॐॐ

Los que vivieron antes que nosotros nos pasaron su sabiduría en forma de dichos llamados proverbios. La sabiduría es conocimiento bien aplicado. Sin sabiduría, somos todos insensatos, nuestras decisiones son insensatas y vivimos insensatamente. Al contrario de los proverbios de los hombres, que son acumulaciones de experiencias humanas desde la perspectiva del mundo acerca del éxito, el libro de Proverbios nos da la sabiduría de Dios para el buen vivir y el éxito eterno... para que no vivamos como insensatos.

ॐॐ

PRIMER DÍA

Lee los primeros siete versículos de Proverbios 1, identificando al autor y haz una lista de sus propósitos para escribir proverbios. Luego hazte esta pregunta: ¿Deseo esto? Examina tu corazón. ¿Deseas lo que estos versículos ofrecen? Si no, cierra el libro y regálaselo a alguien. Has admitido que eres feliz siendo insensato.

Si es que de verdad deseas lo que Proverbios ofrece, entonces prepárate a profundizar y unirte a todos los que han buscado la sabiduría de Dios para vivir sabia, correcta, justa y prudentemente.

Ahora lee los primeros siete versículos de nuevo y marca las referencias a sabio y sabiduría con una nube morada y coloréala de morado claro. Dibuja un rectángulo alrededor de *necios*[1] y coloréala de verde.

23

Colorea *instrucción, conocimiento* y *entendimiento* en morado y marca las referencias al Señor con un triángulo morado coloreado de amarillo. ¿Cuáles son las relaciones entre sabiduría, necios y el Señor?

Marcarás estas mismas palabras a lo largo de Proverbios, así que utiliza una tarjeta de 3x5 como marcador de páginas y cada semana, lección por lección, escribe las palabras clave en él y la manera como planeas marcarlas. Haz lo mismo de capítulo a capítulo. Esto te ayudará a marcar consistentemente y te ahorrará tiempo.

¿Cómo se relacionan *instrucción, conocimiento* y *entendimiento* con sabiduría?

Ahora, lee los versículos 8-19 y subraya la frase hijo mío. ¿Cómo crees que esta frase se relaciona con el autor y el propósito al escribir?

¿Quiénes son los adversarios del "hijo mío"? ¿Cuál es su intención? ¿Cuál será su fin?

SEGUNDO DÍA

A lo largo de Proverbios, *sabiduría* y *necio* están personificadas. La personificación es un recurso literario que trata a los objetos inanimados como personas y les da voz. Así que pronombres como *mi, mío* y *tu* son referencias a lo que se está personificando. Con esto en mente, lee los versículos 20-33 y marca *sabiduría* y *necios* como lo has hecho antes, incluyendo los pronombres que se refieren a ellas.

¿Qué contraste encuentras en esta sección?

Marca la referencia al Señor como antes y nota la verdad en esta sección que hace paralelo con la verdad en el versículo 7.

¿Cómo termina la persona sin sabiduría? ¿Por qué sufre este destino? Haz una lista de las características que contribuyen a este fin.

TERCER DÍA

Al continuar en este y otros capítulos, conocer algunos términos hebreos puede ser de utilidad.

Tres palabras hebreas se traducen como *necios* en Proverbios. *Kesiyl* es la mente cerrada, testaruda y sosa, que rechaza la información de los demás. *Nabal* significa sin percepción espiritual. La esposa de David, Abigail, estuvo una vez casada con un hombre llamado Nabal y el nombre lo describía perfectamente (1 Samuel 25). *Eviyl* es una persona arrogante, frívola, grosera, insensible y mentalmente sosa.

Ahora, armado con esta información, lee Proverbios 1. El necio en el versículo 7 es *eviyl* y el necio en los versículos 22 y 23 es *kesil.* ¿Cómo te ayuda esto a entender estos textos?

Otro término hebreo revelador es el traducido como *simples*[2] o *simpleza*[3]: *pethiy* significa simple, necio, inexperto hasta el punto de la ingenuidad.

Si tienes un programa de estudio bíblico o libros de estudio de palabras, puedes buscar por ti mismo estas palabras al estudiar. Mientras tanto, las destacaremos cuando pensemos que te ayudarán a entender mejor el texto.

Determina un tema para Proverbios 1 y regístralo en el PANORAMA GENERAL DE PROVERBIOS en la página 107.

CUARTO DÍA

Hoy lee Proverbios 2:1-5, marcando las referencias a *sabiduría* y Señor (incluyendo *Dios*) como lo has hecho antes. Continua marcando *conocimiento* y *entendimiento* y marca *mandamiento* de la misma manera, notando cómo se relacionan con la sabiduría. Añádelas a tu separador de páginas.

¿Qué aprendes al marcar SEÑOR? ¿Cómo encaja esto con Proverbios 1:7?

Lee los versículos 6-11, marca *sabiduría, conocimiento* y *entendimiento* como antes y haz una lista de los beneficios de buscar la sabiduría como un tesoro.

QUINTO DÍA

Lee el resto de Proverbios 2 hoy, dibujando una nube negra alrededor de *mal*[4] e *impíos*[5]. Ahora regresa y observa cómo estos versículos se relacionan con los versículos 10 y 11. Subraya las palabras paralelas.

Ahora haz una lista de lo que aprendiste acerca del mal. ¿Cuál es el valor de la sabiduría?

SEXTO DÍA

Lee Proverbios 2:16-19 y haz una lista de las características de la mujer extraña (inmoral).

Ahora lee los versículos 20-22 y busca las conclusiones. ¿Cuándo crees que sucederán estas cosas?

Trata de hacer un bosquejo del flujo de pensamiento en el capítulo 2. ¿Qué viene primero? ¿cuál es el resultado? ¿hay alguna protección disponible? ¿cómo concluye el capítulo?

Con estas cosas en mente, determina un tema para Proverbios 2 y regístralo en el PANORAMA GENERAL DE PROVERBIOS.

SÉPTIMO DÍA

 Guarda en tu corazón: Proverbios 1:7
Lee y discute: Proverbios 1-2

Preguntas para Discusión o Estudio Individual

ᴄᴠ ¿Cuál es el significado de la sabiduría y los necios según Proverbios 1-2?

ᴄᴠ ¿Qué tipos de persona se discuten en estos capítulos? Discute sus objetivos, su tipo de vida y su futuro.

ᴄᴠ Discute la idea de la sabiduría como tesoro.

ᴄᴠ ¿Qué aprendiste acerca del Señor en estos dos capítulos?

ᴄᴠ ¿Cómo nos protege la sabiduría?

ᴄᴠ ¿Cómo se relacionan la sabiduría, el entendimiento, el conocimiento, la enseñanza y los mandamientos entre ellos?

ᴄᴠ ¿Qué aplicación puedes hacer para tu propia vida? ¿Cómo te motiva el estudio de esta semana?

Pensamiento para la Semana

Dos amigas estaban caminando a la orilla de un lago. De repente una exclamó: "¡Mira lo profundo que están nadando esos patos!" Ella prosiguió a explicar que la mayoría de los patos nadan en aguas poco profundas, alimentándose de su superficie o cerca de ella, donde la comida es fácil de encontrar. Pero estos patos estaban llegando a aguas profundas para encontrar el alimento.

¡Qué ilustración de Proverbios 2:1-5! La mayoría de la gente estudia la Biblia como los patos, nadando en aguas poco profundas a la orilla del lago, contentos de alimentarse de pasto y presas fáciles en la superficie o cerca de ella, nunca atreviéndose a alejarse de la orilla. Pero ¿y si pudiéramos bucear a lo profundo, aventurándonos en las aguas profundas de la Palabra, alejándonos de la superficie para buscar el tesoro que yace debajo? Si buscamos la sabiduría como la plata, la buscamos como un tesoro escondido, seremos como los patos que bucean en lo profundo. Entonces "entenderás el temor del SEÑOR y descubrirás el conocimiento de Dios" (Proverbios 2:5).

Ganar sabiduría toma esfuerzo porque la sabiduría es profunda, así que necesita que profundicemos. Necesitamos esforzarnos para observar, interpretar y aplicar la verdad de Dios. No obtendremos sabiduría nadando en aguas poco profundas, a la orilla del lago, buscando presas fáciles. Debemos creer primero lo que Dios dice acerca de la sabiduría, que es un tesoro y luego desear tener ese tesoro como nuestro tesoro más preciado. Tan solo entonces podremos estar dispuestos a bucear en aguas profundas.

El esfuerzo que estamos dispuestos a hacer para obtener algo es una medida de cuánto lo valoramos. Podemos simplemente admirar algo y no hacer ningún esfuerzo para obtenerlo. Podríamos decir que algo es valioso para alguien pero nunca intentar obtenerlo para nosotros mismos. Estamos contentos viviendo sin ello. Esta es la real medida de nuestro sistema de valores, lo que estamos dispuestos a no tener en nuestra vida y lo que estamos dispuestos a obtener a través del sacrificio.

Jesús dijo, "No acumulen para sí tesoros en la tierra, donde la polilla y la herrumbre destruyen y donde ladrones penetran y roban; sino acumulen tesoros en el cielo, donde ni la polilla ni la herrumbre destruyen y donde ladrones no penetran ni roban" (Mateo 6:19-20).

En sociedades prósperas, la mayoría de la gente amasa grandes cantidades de cosas que les dan placer, cosas que la polilla y la herrumbre pueden destruir y los ladrones pueden robar. Ellos no buscan naturalmente el tesoro eterno que ninguna criatura les puede quitar, el conocimiento de Dios y la sabiduría.

En sociedades pobres y oprimidas, las personas están forzadas a buscar tesoro en otra parte. Ellos ya viven con la falta de bienes terrenales que nosotros tomamos por sentado. Ellos viajan varios días para asistir a estudios bíblicos; nosotros conducimos a un grupo de hogar en unos pocos minutos. Ellos no comen una semana para financiar su viaje; nosotros gastamos el equivalente de nuestro café diario. Muchos de ellos tienen una mejor perspectiva de Mateo 6:19-20 que nosotros. Ellos imitan a los patos que bucean en lo profundo. Nosotros podríamos aprender mucho al observarlos.

LA ENSEÑANZA
DE UN PADRE

Según Deuteronomio 6, Moisés dio a Israel los mandamientos para que ellos, sus hijos y sus nietos tengan temor del Señor y guarden todos Sus estatutos y mandamientos todos los días de su vida. Moisés instruyó a Israel a enseñar los mandamientos diligentemente a sus hijos y hablar de ellos todo el tiempo: al sentarse, caminar, acostarse y levantarse.

Menos de quinientos años más tarde, Salomón obedeció este mandamiento con la esperanza que a través de la sabiduría que Dios le dio, su hijo también tuviera temor del Señor.

PRIMER DÍA

Hoy lee Proverbios 3:1-12, marcando las referencias a Dios y las palabras clave *sabio, enseñanza, mandamiento, entendimiento, corazón* e *hijo mío*. Luego lee de nuevo la sección para determinar qué versículos presentan principios que el padre le da a su hijo. Busca la palabra *así* y *entonces*, que introducen las razones para la instrucción que precede.

Haz una lista de las instrucciones y principios en estos versículos. Al lado de cada uno, haz una lista del resultado o valor de seguir cada principio. Querrás renombrar algunos principios para afirmar tu entendimiento y memorizar tus palabras te será útil. En estas 13 semanas, verás muchos principios repetidos, que te darán una idea de cuán importante cree Dios que son para que los conozcamos.

SEGUNDO DÍA

Lee Proverbios 3:13-20 y continua con las instrucciones (incluyendo anotar las palabras y frases clave) de ayer. Asegúrate de marcar *sabiduría* y las referencias *al Señor*.

Anota pronombres y sinónimos.

Haz una lista de todo lo que aprendas acerca de la sabiduría.

Compara la lista de instrucciones y principios de ayer a la lista de hoy de la sabiduría. Nota que estos versículos no son instrucciones, pero sí contienen principios para la vida.

TERCER DÍA

Lee Proverbios 3:21-35 hoy, marcando las palabras clave, incluyendo *hijo mío, sabiduría (sabio)* y referencias al Señor. Continua buscando versículos agrupados alrededor de principios similares y las subsecuentes buenas o malas consecuencias.

¿Cómo se relacionan los versículos 27-30 con los versículos 31-35?

Finalmente, determina el tema de Proverbios 3 y regístralo en el cuadro de PANORAMA GENERAL DE PROVERBIOS en la página 107.

_⊱০৫⊰_

CUARTO DÍA

Lee Proverbios 4:1-9 hoy, marcando *hijo(s)*, *corazón*, *instrucción*[6], *entendimiento*[7], *mandamientos* y *sabiduría*. Estas palabras clave aparecen a lo largo de Proverbios. Considera comenzar una lista de todo lo que aprendes acerca de estas palabras a lo largo de tu estudio del libro de Proverbios. Hay algunos otros temas a lo largo del libro, así que al verlos surgir una y otra vez, podrás compilar listas de todo lo que aprendas en todos los capítulos de Proverbios.

Ahora regresa y lee Proverbios 1:1 y nota el autor. Lee Proverbios 4:3; 2 Samuel 12:14, 24 y 1 Crónicas 14:3-4. ¿Quiénes son el padre y la madre del autor? ¿Era él el único hijo de su madre?

A la luz de estos versículos, ¿qué significa "único a los ojos de mi madre[8]"? ¿Qué crees?

¿Qué acciones urge el autor a tomar? Haz una lista y como antes, escribe los beneficios de cada acción en una segunda columna.

¿Quieres estos beneficios?

_⊱০৫⊰_

QUINTO DÍA

Lee Proverbios 4:10-19 hoy, marcando *hijo mío*, *sabiduría* e *impíos*[9]. De nuevo, haz una lista de las instrucciones y los beneficios de buscar la sabiduría.

También lista las instrucciones para evadir a los impíos y separadamente haz una lista de las características de los impíos.

Contrasta los impíos con los justos. (Pista: busca la palabra *pero*). Los contrastes son muy importantes en Proverbios. Si no entiendes una instrucción, el contraste podría aclararlo.

❦

SEXTO DÍA

Para nuestro último día de estudio, lee Proverbios 4:20-27, de nuevo marcando *hijo mío* y *corazón*.

Anota las instrucciones acerca de "mis razones[10]" o "mis palabras[11]" y su valor para los que las encuentran.

Ahora haz una lista de las partes del cuerpo que menciona el autor y las instrucciones para cada una. Resume cómo se relaciona esto con el versículo 22.

No te olvides de determinar un tema para Proverbios 4 y regístralo en el cuadro de PANORAMA GENERAL DE PROVERBIOS.

❦

SÉPTIMO DÍA

 Guarda en tu corazón: Proverbios 3:5-6
Lee y discute: Proverbios 3-4

PREGUNTAS PARA DISCUSIÓN O ESTUDIO INDIVIDUAL

∾ Discute la relación padre-hijo revelada en Proverbios 3-4. ¿Se aplica esto para las mujeres también?

∾ ¿Cuáles son los beneficios de adquirir sabiduría?

∾ ¿Cuáles son las cualidades o características de la sabiduría?

∾ ¿Cuál es la relación entre el hijo que adquiere sabiduría y el Señor?

∾ Contrasta el justo y el impío.

∾ Resume las enseñanzas centrales de estos dos capítulos y discute cómo puedes recordarlas.

Pensamiento para la Semana

Aunque Salomón tuvo 700 esposas y 300 concubinas, solo un hijo es nombrado, Roboam, quien sucedió a Salomón como rey de Israel. No sabemos si "hijo mío" es una referencia a Roboam o a alguien más. Lo que sí sabemos es que el principio de los padres que pasan su sabiduría a sus hijos es bíblico. Ya lo vimos en Proverbios 4:1-5 y lo sabemos del mandato del Señor de enseñar la Ley (Mosaica):

> Estos, pues, son los mandamientos, los estatutos y los decretos que el Señor su Dios me ha mandado que les enseñe, para que los cumplan en la tierra que van a poseer, para que temas al Señor tu Dios, guardando todos Sus estatutos y Sus mandamientos que yo te ordeno, tú y tus hijos y tus nietos, todos los días de tu vida, para que tus días sean prolongados. Escucha, pues, oh Israel y cuida de hacerlo, para que te vaya bien y te multipliques en gran manera, en una tierra que mana leche y miel, tal como el Señor, el Dios de tus padres, te ha prometido.
>
> "Escucha, oh Israel, el Señor es nuestro Dios, el Señor uno es. Amarás al Señor tu Dios con todo tu corazón, con toda tu alma y con toda tu fuerza. Estas palabras que yo te mando hoy, estarán sobre tu corazón. Las enseñarás diligentemente a tus hijos y

> hablarás de ellas cuando te sientes en tu casa
> y cuando andes por el camino, cuando te
> acuestes y cuando te levantes. Las atarás como
> una señal a tu mano y serán por insignias entre
> tus ojos. Las escribirás en los postes de tu casa
> y en tus puertas. (Deuteronomio 6:1-9)

El principio es claro, la Ley de Dios debe ser parte de la conversación diaria entre un padre y su hijo.

El mandato se repite en Deuteronomio 32:45-47, justo antes de que Israel entre a la tierra prometida:

> Cuando terminó Moisés de hablar todas
> estas palabras a todo Israel, les dijo: "Fijen
> en su corazón todas las palabras con que
> les advierto hoy: ordenarán a sus hijos que
> obedezcan cuidadosamente todas las palabras
> de esta ley. Porque no es palabra inútil para
> ustedes; ciertamente es su vida. Por esta
> palabra prolongarán sus días en la tierra
> adonde ustedes van, cruzando el Jordán a fin
> de poseerla." (Deuteronomio 32:45-47)

Un principio es claro: La Palabra de Dios es vida. Para poder vivir, tenemos que respirar el aliento de vida, comer del pan de vida. La sabiduría de Dios es esta: "Guarda mis mandamientos y vivirás" (Proverbios 4:4).

Un segundo y claro principio es que los padres deben pasar este conocimiento a sus hijos, padre a hijo, hijo a nieto y así sucesivamente a lo largo de las generaciones.

¡Cómo se ha disminuido esto en los tiempos modernos! Cómo nosotros como padres, hemos fallado en sentarnos con nuestros hijos a discutir los principios de vida que los mantendrán firmes y alejados del engaño de los impíos, que los desvían del camino de la justicia. Claro, algunos han mantenido la práctica, pero muchos padres se han simplemente rendido.

Piensa acerca de tu propia crianza. ¿Qué conocimiento te heredaron tus padres? ¿Te acuerdas de alguna conversación acerca del Señor y Su sabiduría? La vida se mueve tan rápido hoy en día y la información está al alcance, pero ¿nos tomamos el tiempo de compartir la sabiduría, historias y principios bíblicos que el Señor nos mandó que compartiéramos con nuestros hijos?

En nuestras naciones industrializadas y motorizadas, viajamos a velocidades que casi alcanzan la velocidad de la luz, físicamente en autos, trenes y aviones y cognitivamente en celulares e Internet. Antes de esta revolución del e-mail y la telefonía por internet, viajábamos a caballo y nos sentábamos en las verandas de las casas, alrededor de fogatas o al pie de un riachuelo a conversar. Hablábamos de la vida, de las lecciones aprendidas, acerca de la sabiduría común, padre a hijo, madre a hija, abuelos, abuelas, tías y tíos a las generaciones más jóvenes.

Kay nos cuenta: "Recuerdo a mi abuelo llamándome la atención gentilmente cuando estábamos sacando maleza en el campo. 'Estás llevando la carga de un hombre perezoso' me dijo. '¿Qué es la carga de un hombre perezoso?' le contesté. 'La carga que lleva un hombre cuando es demasiado perezoso para hacer dos viajes' dijo él. Yo estaba en primaria en esa época, pero el proverbio se ha quedado conmigo por 50 años."

Hoy nos preguntamos, ¿hemos estado llevando la carga de un hombre perezoso al pasar a la siguiente generación las cosas de la vida, la sabiduría de Dios? ¿Estamos tratando de hacerlo rápidamente, llenando a la gente de información, dándoles demasiado para un solo viaje?

Hoy deberíamos reflexionar en lo que una vez fue una práctica común y preguntarnos, ¿si es que fue valioso entonces, por qué no puede serlo ahora? David le pasó la sabiduría de Dios a Salomón y Salomón la pasó a su hijo, un proverbio a la vez, para toda su vida.

Como un Buey
Que Va al Matadero

Tentado con persuasiones, seducido por labios lisonjeros, el hombre joven con falta de juicio es llevado por la mujer extraña como un carnero que va al matadero. Él tiene las de perder porque no trató a la sabiduría como su hermana o al entendimiento como su amigo.

PRIMER DÍA

Lee Proverbios 5:1-14 hoy, marcando las referencias a la *extraña*[12] con una nube roja coloreada de rojo claro. Añade *extraña* a tu separador de páginas. Como en capítulos pasados, también marca hijo mío.

Haz una lista de lo que aprendas acerca de la mujer extraña. El adulterio es un concepto clave en los Diez Mandamientos, en la Ley y en el Nuevo Testamento. Un tema que se repite a lo largo de la Biblia es probablemente un tema importante. Algunas veces la Biblia usa la palabra *adulterio* literalmente, refiriéndose al pecado físico, sexual. En otras ocasiones, la Biblia utiliza la palabra *adulterio* metafóricamente y trata con la tendencia de Israel de adorar a otros dioses. ¿Qué tema se está tratando aquí en Proverbios?

Haz una lista de instrucciones en una columna y consecuencias positivas y negativas en la segunda columna.

ᴑᴓᴑ

SEGUNDO DÍA

Lee Proverbios 5:15-23, marcando *extraña* y SEÑOR como lo has hecho antes y marca *iniquidades*[13] coloreándolo de café. Añade *iniquidades* a tu separador de páginas.

También observa las metáforas acerca del agua: cisterna, pozo, manantiales, arroyos y fuente. Nota las instrucciones. ¿Qué principio se relaciona con la esposa? ¿Cómo se contrasta esto con el que se relaciona a la extraña?

Asegúrate de observar el destino (el "fin") de los impíos. Los impíos y los justos tienen cada uno un destino y como podrás esperar, un destino no es agradable y el otro sí. ¿Qué mal se discute en este capítulo?

Registra un tema para Proverbios 5 en el cuadro de PANORAMA GENERAL DE PROVERBIOS en la página 107.

ᴑᴓᴑ

TERCER DÍA

Lee Proverbios 6:1-19 y marca *hijo mío, sabio* y *el* SEÑOR. Luego agrupa los versículos por los temas que cubren. Puedes utilizar los párrafos en tu Biblia o agrupar párrafos si piensas que cubren el mismo tema.

ᴑᴓᴑ

CUARTO DÍA

Hoy lee Proverbios 6:20-35, marcando *mujer mala*[14] (*desconocida*), *mandamiento* (*enseñanza*) e *hijo mío* como antes.

Haz una lista de lo que aprendas acerca del mandamiento del padre y la enseñanza de la madre.

También haz una lista de lo que aprendas acerca de la adúltera. Si quieres, haz una lista compuesta acerca de la adúltera añadiendo a lo que aprendiste en el capítulo 5 y añadiendo a medida que estudias el resto de Proverbios.

¿Qué consecuencias arriesga un hombre al asociarse con una adúltera?

Registra tu tema para Proverbios 6 en el PANORAMA GENERAL DE PROVERBIOS.

QUINTO DÍA

La lectura de hoy es de Proverbios 7. Marca *sabiduría* como lo has hecho antes. Marca *mujer extraña*[15] y *ramera*[16]. Si ramera es un sinónimo de mujer extraña y adúltera, márcalo de la misma manera. Si no, pon una nube roja alrededor pero coloréala de diferente manera. También marca *corazón, hijo mío* y cualquier sinónimo. Pon un corazón rojo sobre la palabra *corazón*.

Haz una lista de lo que aprendas acerca de la sabiduría. ¿Cuáles son los mandamientos e instrucciones acerca de la sabiduría? ¿Cómo se relacionan el corazón y la sabiduría? ¿Cómo nos guardan de cometer un error con el adulterio?

SEXTO DÍA

Lee Proverbios 7:6-23 de nuevo y lista lo que aprendas acerca de la mujer extraña y del joven con falta de juicio[17]. ¿Cómo opera ella y cuál es el resultado? ¿Qué precio paga él?

Determina el tema de Proverbios 7 y luego regístralo en el PANORAMA GENERAL DE PROVERBIOS.

SÉPTIMO DÍA

Guarda en tu corazón: Proverbios 6:16-19
Lee y discute: Proverbios 5:3-6, 15-20; 6:16-19, 23-29; 7:6-27

PREGUNTAS PARA DISCUSIÓN O ESTUDIO INDIVIDUAL

- Discute la enseñanza central de Proverbios 5-7.

- ¿Cuáles son algunas de las técnicas de las mujeres extrañas o adúlteras?

- ¿Cómo es vulnerable un hombre a estas tácticas?

- ¿Cómo se relaciona Proverbios 6:16-19 con la enseñanza acerca de la adúltera?

- Discute cómo los mandamientos del padre y las enseñanzas de la madre ayudan a un hombre joven e ingenuo.

- ¿Cómo deberíamos responder a la instrucción de Dios en estos capítulos?

PENSAMIENTO PARA LA SEMANA

En una cultura agraria, la ilustración de un buey que es llevado al matadero lo dice todo. Nadie necesitaba una explicación para entender el significado de la analogía y su correspondiente y sucinta frase poética.

Hoy, no vemos bueyes siendo llevados al matadero o aves a las trampas, pero aún así la idea es bastante clara. Frases modernas expresan el mismo concepto: "¡Nunca lo vio venir!" "¡No sospechó nada!". ¿Qué causó la sorpresa? ¡Falta de sabiduría! Y la falta de sabiduría acerca de las adúlteras nunca ha desaparecido.

Los labios de las adúlteras todavía derraman miel y su boca habla palabras más suaves que el aceite, así como en los días de Salomón. Su lógica encantadora, su persuasión, su lisonja seductora… es la misma.

Todavía es visualmente atractiva: Su forma encanta, sus ojos capturan, su vestido tienta.

Su comportamiento es alborotador, rebelde; ella besa y abraza y hace promesas de favores sexuales sin miedo a ser sorprendida.

Pero ella miente. Su casa está en el camino al *Seol*; lleva a las cámaras de la muerte. El necio se quemará. El marido celoso no perdonará en el día de la venganza; no aceptará ningún rescate. El buey es llevado al matadero.

La sabiduría nos recuerda que esto no es nuevo. Recuerda, la madre de Salomón era Betsabé y su padre, David. David pudo haber enseñado a Salomón estos principios de su propia experiencia. Una noche, David se levantó de su cama, caminó en la terraza de su casa y se quedó ahí a observar a la mujer de Urías el hitita, mientras ésta se bañaba.

Ella era atractiva. Él preguntó por ella. Él estaba atraído. Él envió por ella. Ella vino. Su esposo estaba lejos en la guerra; nunca se enteraría. Ellos cometieron adulterio.

Urías nunca lo supo, así que no se convirtió en el esposo celoso e iracundo. Pero Dios actuó en su lugar, *Dios* no "perdonó en el día de la venganza". Los pasos de Betsabé llevaron al bebé concebido en adulterio al Seol. David fue perdonado. Betsabé fue perdonada. Pero su hijo murió. Se levanta el conflicto en la casa de David, cuando tres de sus hijos compiten por el trono. Los tres (Amón, Absalón y Adonías) mueren a causa de esta rivalidad.

Una mirada llevó a un pensamiento de lujuria, que llevó a una invitación inapropiada. El pecado, concebido en el corazón, tomó forma. Y las terribles consecuencias llegaron a afectar a cuatro de los hijos de David.

¿Qué pudo haber detenido esto? ¡La sabiduría! ¡El entendimiento! La obediencia a los mandamientos de Dios: "No cometerás adulterio… no codiciarás la mujer de tu prójimo" (Éxodo 20:14,17).

Job 31:1 dice, "Hice un pacto con mis ojos, ¿cómo podía entonces mirar a una virgen?"

"Seis cosas hay que el Señor odia y siete son abominación para Él" (Proverbios 6:16):

1. ojos soberbios

2. lengua mentirosa

3. manos que derraman sangre inocente

4. un corazón que trama planes perversos

5. pies que corren rápidamente al mal

6. un testigo falso que dice mentiras

7. el que siembra discordia entre hermanos (ver Proverbios 6:17)

Si lees 2 Samuel 11, verás que David cometió algunas de estas cosas. Y cosechó las consecuencias. Proverbios está diseñado para evitar que un hombre repita los pecados de David y otros. Es por eso que pasó su sabiduría a Salomón y Salomón se la pasó a su hijo… y a ti, a nosotros y así sucesivamente.

Escríbela en las tablas de tu corazón.

El Llamado de la Sabiduría o De la Mujer Insensata

La comida y el vino se sirven en la mesa de la sabiduría y esta llama a los hombres a abandonar el mal y vivir. Pero la mujer insensata también llama a los hombres a participar secretamente de agua y pan robados... y mueren. ¿Puedes distinguir estas voces? ¿Acudirás al llamado correcto?

PRIMER DÍA

Lee Proverbios 8 y marca *sabiduría, conocimiento, inteligencia*[18], *amor* y SEÑOR. Marca *bienaventurados*[19] con una nube morada coloreada de rosado. Añade *amor* y *bienaventurados* a tu separador de páginas.

En este capítulo, la sabiduría es personificada, así que encontrarás muchos pronombres femeninos. Búscalos para que no te pierdas ninguna observación significativa. La personificación es un recurso literario que enfoca la atención y explica un concepto de manera que nos podamos identificar. Las características de una persona se atribuyen al concepto porque entendemos cómo las personas piensan y actúan.

45

SEGUNDO DÍA

Todo lo que necesitamos hoy es una lista de las cosas que declara la sabiduría en los versículos 1-21. Toma tu tiempo y medita en lo que aprendas en estos versículos ¡Son reveladores!

TERCER DÍA

Lee los versículos 22-36 de nuevo y haz una lista de lo que aprendas acerca de la relación entre el Señor y la sabiduría. Como has visto, la verdadera sabiduría viene del Señor. La sabiduría del mundo nunca se podrá comparar con la sabiduría del Señor.

Como es usual, cuando llegamos al final de un capítulo, necesitamos capturar su esencia determinando un tema y registrándolo en el cuadro de PANORAMA GENERAL. Así que hoy, registra el tema de Proverbios 8 en el PANORAMA GENERAL DE PROVERBIOS en la página 107.

CUARTO DÍA

Lee Proverbios 9, marcando *sabiduría* y *entendimiento*[20] y la *mujer insensata*[21]. Busca los pronombres que se refieren a estos personajes.

QUINTO DÍA

Lee Proverbios 9:1-6. Lista lo que ha hecho la sabiduría y el mensaje que declara.

Ahora lee los versículos 13-18. Lista lo que aprendas acerca de la mujer insensata y su mensaje.

¿Cómo se relaciona la mujer insensata con la mujer extraña y la adúltera o ramera que marcamos antes?

Nota las palabras importantes en las dos invitaciones y los diferentes resultados de escuchar estas palabras.

SEXTO DÍA

Lee los versículos 7-12 y resume la sabiduría de estos versículos. Querrás marcar *amará* (con un corazón rojo coloreado de rojo), *impíos*[22], *el SEÑOR* y *vida* (con una nube verde coloreada de verde) en estos versículos. Añade *vida* a tu separador de páginas.

Compara lo que aprendas acerca de los simples en Proverbios 8:5; 9:4 y 9:16. Si no sabes lo que significa *simple*, búscalo en un diccionario. Entender esto te ayudará a ver por qué los hombres necesitan estar alertas ante las mujeres insensatas, adúlteras y rameras. Todas están listas para tender una trampa.

Determina un tema para Proverbios 9 y regístralo en el PANORAMA GENERAL DE PROVERBIOS.

SÉPTIMO DÍA

 Guarda en tu corazón: Proverbios 9:10
Lee y discute: Proverbios 8-9

PREGUNTAS PARA DISCUSIÓN O ESTUDIO INDIVIDUAL

∿ ¿Qué aprendiste de la sabiduría personificada?

- ⚘ Discute el contraste entre la sabiduría y la mujer insensata.

- ⚘ ¿Cómo están relacionados la sabiduría y el Señor?

- ⚘ ¿Qué resulta de adquirir sabiduría?

- ⚘ ¿Qué resulta de seguir la insensatez?

- ⚘ ¿Por qué Dios favorece a los que oyen y obedecen a la sabiduría?

- ⚘ Discute cómo puedes aplicar lo que aprendiste en Proverbios 8-9 a tu vida hoy.

Pensamiento para la Semana

En la parábola del Buen Pastor (Juan 10), Jesús dice que las ovejas conocen la voz del pastor y lo siguen, pero que no seguirán la voz del extraño porque no conocen su voz. ¿Cómo conocen las ovejas la voz del pastor? ¡Les es familiar! El pastor pasa tiempo con ellas y ellas se acostumbran a su voz. Incluso si no lo ven, ellas escuchan y llegan a conocer su voz. Si escuchan la voz de un extraño, ellas saben que no es el pastor y huyen.

La sabiduría llama a los simples (ingenuos), que necesitan prudencia, sabiduría y entendimiento. La mujer insensata también llama, pero su propósito es diferente. La sabiduría llama al simple a dejar la insensatez y vivir; la mujer insensata llama al simple a continuar en su necedad y morir, engañándolos con promesas de agua dulce y pan sabroso.

¿Cómo sabes a cuál seguir? ¿Cómo puedes saber qué voz es sabiduría y cuál es insensatez? ¡Familiaridad! Si pasas tiempo con la sabiduría, aprenderás a reconocer su voz y diferenciarla de la voz de la mujer extraña e insensata.

Este es el punto de Salomón hasta ahora en los nueve capítulos de Proverbios: pasa tiempo escuchando la voz de la sabiduría. Aprende a conocer su voz para que la puedas distinguir de la voz de la insensatez, especialmente porque ambas voces atraen con la promesa de cosas placenteras. Tan solo una voz dice la verdad.

Para reconocer la voz de la sabiduría, debes pasar tiempo con ella. ¿Dónde se encuentra la sabiduría? En la Palabra de Dios, en Proverbios y en los otros 65 libros de la Biblia. Pasar tiempo en la Palabra de Dios te enseñará la voz de Dios (la voz de la sabiduría) y te mantendrá alejado del camino de la insensatez y la destrucción.

En Proverbios 7, Salomón te motiva a llamar al entendimiento tu amigo íntimo y a la sabiduría tu hermana. Haz de la sabiduría tu mejor amiga, tu pariente más cercano. Esto es lo que Salomón insiste e ilustra repetidamente. Salomón quiere que su hijo escuche más que sus palabras; quiere que escuche a la sabiduría. Él quiere que escuche a la sabiduría de Dios, la cual estuvo a Su lado como arquitecto cuando el mundo fue creado (8:27-31).

Eva escuchó la voz de un extraño, no a la sabiduría; a la serpiente, no a Dios. El resultado fue la muerte. El que tenga oídos, que oiga la voz de la sabiduría, la voz de Dios y viva. Escucha la Palabra de Dios, pasa tiempo con ella, hazla tu más íntima amiga, recurre a ella y aléjate de la voz de la mujer extraña e insensata. Conoce la voz lo suficiente para que cuando las tentaciones suenen parecidas, reconozcas los diferentes significados y consecuencias y siempre sigas la voz correcta, la voz de Dios.

La Boca
de los Justos

"Palos y piedras pueden romper mis huesos, pero las palabras no me lastimarán" es una respuesta infantil antigua cuando se dicen palabras crueles. Tenemos la idea de que nunca las creíste y nunca lo harás. Es porque es falso, ¡las palabras sí que lastiman! Las palabras pueden desviar y matar. Las palabras pueden también llevar por el buen camino y generar vida. Las palabras impías y justas llevan a dos direcciones opuestas y a dos lugares eternos y opuestos.

PRIMER DÍA

Lee Proverbios 10 hoy y marca *sabio*, *sabiduría* y *necio* como lo has hecho antes. También marca referencias a *hablar* poniendo un triángulo café alrededor de palabras como *boca*, *palabras*[23], *labios* y *lengua* y añádelas a tu separador de páginas. El Nuevo Testamento enseña mucho sobre lo que sale de nuestra boca y cómo esto revela lo que está en nuestro corazón.

Lee el capítulo de nuevo y marca justo, *impío*[24], *vida* y *muerte* y añade las nuevas palabras clave a tu separador de páginas. Marca *justo* con una *J* y *muerte* con una lápida negra como esta: ∩.

<hr>

SEGUNDO DÍA

Ahora que has marcado las palabras clave, podrás ver que el capítulo tiene más de un tema. Haz una lista de lo que aprendas acerca del *sabio*, el *necio*, el *impío* y el *justo*. Al hacer estas listas verás cómo la vida, la muerte y la boca se relacionan con cada grupo de personas.

También querrás escribir las conexiones entre la sabiduría y los justos o entre la insensatez y los impíos. Estas conexiones son importantes ¡no te las pierdas!

Proverbios 10:1 menciona de nuevo al autor e inicia un nuevo segmento. Márcalo en el PANORAMA GENERAL DE PROVERBIOS en la página 107. También deduce el tema para Proverbios 10 y regístralo en el cuadro de PANORAMA GENERAL DE PROVERBIOS.

<hr>

TERCER DÍA

Hoy avanzaremos hasta Proverbios 11, marcando las mismas palabras clave que marcaste en el capítulo 10. Marca *mal* de la misma manera en que marcaste *impíos*.

Si no has hecho un separador de páginas que muestra tus palabras clave y la manera en que las estás marcando, hazlo ahora para que marques consistentemente. También encontrarás que ahorra tiempo, dándote más tiempo para considerar lo que has aprendido. Marcar muchas palabras clave diferentes puede volverse confuso sin un sistema consistente. La consistencia es clave cuando observas cualquier libro de la Biblia, te muestra la manera en que Dios usa la repetición en Su Palabra, para enfatizar enseñanzas importantes.

CUARTO DÍA

Ahora que has marcado las referencias a los impíos en Proverbios 11, haz una lista de lo que aprendas acerca de los impíos (mal) y su futuro. Contrasta esto con lo que observas acerca de los justos y su destino, para que veas la razón para conocer la diferencia y escoger el camino correcto.

Determina un tema para Proverbios 11 y regístralo en el PANORAMA GENERAL DE PROVERBIOS.

QUINTO DÍA

Lee Proverbios 12 y marca las palabras clave de tu separador de páginas. Como verás, este capítulo continua los temas de los capítulos 10 y 11. Hemos hecho una lista extensa de palabras clave, ¿no es así? Tómate tu tiempo marcando. Haremos las listas mañana.

SEXTO DÍA

Haz una lista de lo que aprendas acerca de la sabiduría, el necio, el justo y el impío. Podrás encontrar útil consolidar lo que has aprendido en estos tres capítulos acerca de los efectos de lo que dice la gente.

Finalmente, determina un tema para Proverbios 12 y regístralo en el PANORAMA GENERAL DE PROVERBIOS.

SÉPTIMO DÍA

 Guarda en tu corazón: Proverbios 10:20
Lee y discute: Proverbios 10:6-21; 11:1-8; 12:20-28

PREGUNTAS PARA DISCUSIÓN O ESTUDIO INDIVIDUAL

ꙮ Contrasta las acciones de los justos y los impíos.

ꙮ ¿Cómo afecta lo que decimos a las personas?

ꙮ Discute los resultados del buen comportamiento, como la diligencia y trabajo piadoso.

ꙮ ¿Cómo influencian a los demás los dos tipos de personas en estos capítulos?

ꙮ ¿Qué aplicaciones puedes hacer en tu propia vida de estos dos tipos de persona? ¿Qué tipo de influencia quieres tener? ¿Cuál quieres evitar?

ꙮ ¿Cómo se relacionan estas verdades con el criar hijos?

PENSAMIENTO PARA LA SEMANA

Proverbios enseña que las palabras son importantes. Los labios mentirosos motivados por el odio y el engaño llevan a la ruina y la muerte. La boca de los impíos es una fuente interminable de problemas y expresan invariablemente la verdadera condición del corazón.

Jesús enseñó esta conexión entre el corazón naturalmente malvado y la boca. En Mateo 15:11, Él dijo: "No es lo que entra en la boca lo que contamina al hombre; sino lo que sale de la boca, eso es lo que contamina al hombre". En los versículos 17-19, Él explica:

> ¿No entienden que todo lo que entra en la boca va al estómago y luego se elimina? Pero lo que sale de la boca proviene del corazón y eso es lo que contamina al hombre. Porque del corazón provienen malos pensamientos, homicidios, adulterios, fornicaciones, robos, falsos testimonios y calumnias.

Jesús está diciendo la misma cosa acerca de la boca y el corazón que el Padre reveló a Salomón para registrar en Proverbios. En Juan 12:49 Jesús dijo: "Porque Yo no he hablado por Mi propia cuenta, sino que el Padre mismo que Me ha enviado Me ha dado mandamiento sobre lo que he de decir y lo que he de hablar". Jesús enseñó algo que los fariseos pudieron haber conocido en Proverbios y que ellos mismos pudieron haber enseñado. En lugar de eso, enfatizaron las regulaciones dietéticas de la Ley como la manera de ser santo.

Santiago también nos enseña acerca de la lengua:

> Pero ningún hombre puede domar la lengua. Es un mal turbulento y lleno de veneno mortal. Con ella bendecimos a nuestro Señor y Padre y con ella maldecimos a los hombres, que han sido hechos a la imagen de Dios. De la misma boca proceden bendición y maldición. Hermanos míos, esto no debe ser así. ¿Acaso una fuente echa agua dulce y amarga por la misma abertura? ¿Acaso, hermanos míos, puede una higuera producir aceitunas o una vid higos? Tampoco la fuente de agua salada puede producir agua dulce. (Santiago 3:8-12).

¿Ves como esto es paralelo con Proverbios? La boca puede pronunciar dos tipos de cosas. Proverbios 10:32 dice, "Los labios del justo dan a conocer lo agradable, pero la boca de los impíos, lo perverso".

La analogía de Jesús estaba dirigida a los fariseos, que hablaban cosas que parecían aceptables, pero que de hecho pervertían la verdad. Ellos enseñaban tradiciones de hombres en lugar de los mandamientos de Dios. Ellos enseñaban que lo que la gente come los puede contaminar, porque la Ley había descrito ciertas criaturas como impuras. Pero mantener esas reglas y al mismo tiempo ignorar los motivos malvados del corazón, no hacían al hombre santo y aceptable ante Dios. Y con sus palabras, los fariseos desviaban a la gente.

Santiago expande esta idea añadiendo que las palabras de un hombre están de acuerdo con su verdadero carácter, sea este impío o justo. Así que a la larga podemos determinar el carácter general de un hombre por lo que dice.

Santiago continua haciendo un paralelo con Proverbios al conectar las obras con dos tipos de sabiduría, una de lo alto, la otra terrenal:

> ¿Quién es sabio y entendido entre ustedes? Que muestre por su buena conducta sus obras en sabia mansedumbre. Pero si tienen celos amargos y ambición personal en su corazón, no sean arrogantes y mientan así contra la verdad. Esta sabiduría no es la que viene de lo alto, sino que es terrenal, natural, diabólica. Porque donde hay celos y ambición personal, allí hay confusión y toda cosa mala. Pero la sabiduría de lo alto es

primeramente pura, después pacífica, amable, condescendiente (tolerante), llena de misericordia y de buenos frutos, sin vacilación, sin hipocresía. Y la semilla cuyo fruto es la justicia se siembra en paz por aquéllos que hacen la paz. (Santiago 3:13-18).

Según los proverbios de Salomón, como dice el comienzo del capítulo 10, "El hijo sabio alegra al padre".

Nuestro Padre Celestial se alegra cuando ve sabiduría en Sus hijos. Jesús y Santiago prueban ampliamente que los proverbios de Salomón son tan verdaderos y aplicables hoy como lo fueron cuando Dios originalmente dio esa sabiduría a Salomón, para que la registrara para nosotros. Dios nunca cambia y Su sabiduría nunca cambia.

LA ENSEÑANZA DE LOS SABIOS ES UNA FUENTE DE VIDA

Los caminos de la adúltera, la mujer insensata, lleva a la muerte; así también los caminos de los impíos. ¿Pero qué lleva a la vida? La enseñanza de los sabios y el temor del Señor.

PRIMER DÍA

El libro de Proverbios (¡y toda la Biblia!) a menudo contrasta la vida y la muerte. Lee Proverbios 13 hoy, marcando las palabras clave de tu separador de páginas. Busca las referencias a la vida y la muerte. ¿Cuál domina este capítulo?

SEGUNDO DÍA

Ahora haz una lista de lo que aprendiste al marcar *sabiduría* y *conocimiento*[25], *necios*, *impíos*[26] y *vida*. Al hacer estas listas, estamos compilando la verdad por la cual vivir: las cosas que debemos saber que afectan la manera en que vivimos.

TERCER DÍA

Ahora observa los contrastes y comparaciones en el capítulo (por ejemplo, entre el sabio y el necio y entre el justo y el impío) y mira lo que puedes concluir. ¿Emergen temas generales en el capítulo?

Finalmente, registra el tema para Proverbios 13 en el PANORAMA GENERAL DE PROVERBIOS de la página 107.

CUARTO DÍA

Lee Proverbios 14 y marca las palabras clave de tu separador de páginas. Estas pueden parecer repetitivas, pero debemos siempre observar el texto antes de poder entenderlo.

QUINTO DÍA

Haz una lista de lo que aprendes del contraste entre el sabio y el necio y entre el justo y el impío.

SEXTO DÍA

Mira la relación entre la lengua, el conocimiento, entendimiento y la sabiduría. Escribe tus conclusiones. Marcar las palabras clave y hacer listas nos ayuda a observar el texto, pero necesitamos pasar a la interpretación y la aplicación. Necesitamos meditar en lo que vemos y experimentamos, para poder sacar conclusiones. Estas conclusiones se vuelven los principios por los cuales vivimos. Principios que se basan en la enseñanza de Dios que puede guiar nuestra experiencia y ayudarnos a evitar consecuencias desagradables.

Determina un tema para Proverbios 14 y regístralo en el PANORAMA GENERAL DE PROVERBIOS.

SÉPTIMO DÍA

 Guarda en tu corazón: Proverbios 13:12
Lee y discute: Proverbios 13:13-21; 14:1-9, 24-33

PREGUNTAS PARA DISCUSIÓN O ESTUDIO INDIVIDUAL

- Discute el contraste entre el sabio y el necio en estos capítulos.

- ¿Cuál es la relación entre la boca, el conocimiento y la sabiduría?

- Discute la relación de la sabiduría con la vida y la muerte y con los que la rechazan.

- ¿Cómo te afectan las compañías que frecuentas? ¿Qué aplicación puedes hacer para tu vida?

- Discute los versículos que hablaron a tu corazón o que ministraron una necesidad específica en tu vida hoy.

PENSAMIENTO PARA LA SEMANA

¿Por qué crees que Salomón dijo que la enseñanza de los sabios y el temor del Señor son como fuente de vida que nos alejan de las trampas de la muerte? Está hablando a su hijo, ¿no es así? ¿No morimos todos? ¿Qué quiere decir?

El Salmo 90:10 dice que los días de nuestras vidas alcanzan a setenta u ochenta años. Sí, algunos viven más y otros menos y la Biblia describe vidas mucho más largas en las primeras eras, pero los días del hombre se limitaron a estos desde los tiempos de los reyes de Israel hasta hoy.

El salmista está contrastando la corta vida de un hombre y la eternidad de Dios. El versículo 4 del Salmo 90 dice que mil años para Dios son "como el día de ayer que ya pasó". Pedro hace eco de esto en su segunda epístola: "Pero amados no ignoren esto, que para el Señor un día son como mil años y mil años como un día" (2 Pedro 3:8). La eternidad es mucho más larga que nuestras cortas vidas, no lo podemos comprender, es un concepto demasiado grande para que los mortales lo entiendan. Pero Dios nos llama a la vida eterna.

La sabiduría de Salomón nos llama a la vida, no a la muerte. Habla del comportamiento y de las consecuencias a largo plazo, vida o muerte eterna. El temor del Señor, la enseñanza de los sabios, es creer Su Palabra y vivir para siempre, para todo el futuro eterno. Cuando la Palabra de Dios dice que crean en Él y vivan, significa vivir eternamente.

> Jesús le contestó: "Yo soy la resurrección y la vida; el que cree en Mí, aunque muera, vivirá, y todo el que vive y cree en Mí, no morirá jamás. ¿Crees esto?" (Juan 11:25-26).

La sabiduría de Salomón nos ayuda a vivir vidas que glorifican a Dios para que podamos disfrutar las riquezas espirituales de la vida en obediencia a la Palabra de Dios *hoy*. Pero la Palabra de Dios finalmente apunta a Su gracia salvadora en la simiente prometida, el evangelio eterno (Apocalipsis 14:6). Así que cuando Salomón identifica las alternativas de sabiduría o necedad con la vida y la muerte, él incluye la vida y muerte perfecta del Mesías (Cristo), Jesús de Nazaret, Hijo de Dios y Salvador, anunciado por primera vez en Génesis 3:15.

Con la venida de Cristo, la enseñanza de los sabios incluyen el evangelio. Como Pablo lo explica en 1 Corintios 1:23-24, Cristo crucificado es el poder y la sabiduría de Dios. Después de que Dios revela Su evangelio, el temor del Señor nos motiva a creer en él.

Si nos apegamos a la inspiración plenaria y verbal de la Escritura, que toda la Escritura es inspirada por Dios, sabemos que la sabiduría de Salomón, la cual lleva a la vida ahora, necesariamente incluye la fe en Cristo, la sabiduría y vida de Dios. ¿Qué podría mostrar más sabiduría que creer la promesa de Dios de vida eterna mediante la fe en Jesucristo y qué podría mostrar más necedad que rechazarla?

La sabiduría descansa en el corazón de aquellos que tienen entendimiento, pero los necios muestran la necedad de su corazón. El que tiene entendimiento vive en paz con lo que sabe en su corazón. Pero los necios se jactan a los demás, viviendo sin ella. El vivir por los proverbios de Salomón es vivir en santidad, en la fe en la Palabra de Dios como verdad y Su camino como el justo. Si creemos que la Palabra de Dios es verdad, creeremos Su evangelio, Su Palabra de vida (1 Juan 1:1).

Si no has creído en el evangelio, toda la obediencia a los proverbios de Salomón no podrán conseguir la vida eterna. Una vez que el Padre revela a la Persona de Su Hijo y la obra perfecta, tan solo la fe en quien Él es y lo que Él ha hecho, verdaderamente cumple la guía de Salomón para la vida sabia y tan solo esta fe glorifica a Dios.

Si no has creído en el evangelio, ¿por qué no lo haces hoy? Todos son pecadores; todos hemos pecado y todos merecemos morir como la justa pena por el pecado. Pero

Jesús murió para pagar la pena de la muerte que tu pecado merece; Él fue levantado de los muertos para que tu también puedas pasar de muerte a vida, espiritualmente ahora y físicamente ser levantado de los muertos más adelante, al final de los tiempos. Todo lo que tienes que hacer es creer estas cosas, que eres pecador, que Jesús murió por tus pecados y que Él fue resucitado para tu justificación. Debes arrepentirte (cambiar de parecer) y creer que Jesús es exactamente quien Él dice que es: Dios, Hijo de Dios, Señor y Salvador.

Si creíste hoy, bienvenido a la familia. ¡Alabado sea el Señor! Cuéntale a alguien sobre ello. Escribe a Ministerios Precepto Internacional. Tenemos un regalo para ayudarte en tu nueva vida.

El Orgullo
Precede a la Caída

"El orgullo precede a la caída" es un proverbio común. Esta semana veremos la cita correcta y completa en su contexto. La Nueva Biblia Latinoamericana de Hoy usa *caída* mientras que otras usan *fracaso*, pero el significado es el mismo. El orgullo juega un papel importante entre la sabiduría y la necedad.

PRIMER DÍA

Lee Proverbios 15 hoy, marcando las palabras clave de tu separador de páginas. También marca *reprensión*[27] (*reprende*) y añádela a tu separador de páginas. Reprensión no es una palabra que utilizamos mucho hoy en día, pero la Biblia la usa alrededor de 20 veces. La palabra significa mostrar a alguien en qué se ha equivocado. Necesitamos las Escrituras y otras personas para ayudarnos a ver lo que hemos hecho mal, para poder cambiar cómo pensamos y actuamos. Tan solo cuando nos damos cuenta que estamos equivocados, estaremos abiertos a la corrección y a aprender cómo cambiar para mejor.

Tal vez conoces 2 Timoteo 3:16-17. Si no, busca los versículos. Recuerda que Proverbios es parte de las Escrituras.

SEGUNDO DÍA

Lee de nuevo el capítulo 15 hoy y marca o nota las referencias a hablar, como *suave repuesta*[28] y *palabra hiriente*[29] de la misma manera que marcaste *boca, palabras, labios* y *lengua*. Luego lista lo que aprendas acerca del habla y sus efectos. Santiago tiene mucho que decir acerca de la lengua también. Querrás estudiar Santiago más adelante para ver lo que dice el Nuevo Testamento acerca de este tema.

TERCER DÍA

Lista lo que aprendas al marcar las referencias al SEÑOR. Nota la repetición de *abominación*[30] y marca cada referencia con un rectángulo negro. Esta es una buena palabra para marcar a lo largo de tu Biblia, para que veas lo que Dios considera una abominación. El carácter de Dios nunca cambia, así que una abominación para Él hace miles de años, sigue siendo una abominación para Él hoy.

Determina el tema de Proverbios 15 y regístralo en el PANORAMA GENERAL DE PROVERBIOS.

CUARTO DÍA

Lee Proverbios 16 hoy, marcando las palabras clave de tu separador de páginas.

También marca *orgullo*[31] y busca la actitud contrastante y márcala de diferente manera. Añádelas a tu separador de páginas.

QUINTO DÍA

Como hiciste en Proverbios 15, haz una lista de lo que aprendiste acerca de los resultados de lo que dices.

Lista lo que aprendas acerca del orgullo. Luego regresa a Proverbios 15:25 y añade a tu lista lo que aprendes ahí. Oh, ¡qué importante tema es el orgullo en la Biblia! Proverbios es tan solo uno de los libros que tratan con este tema.

SEXTO DÍA

Hoy, haz una lista de lo que aprendas acerca del Señor, Sus preocupaciones, lo que Él controla y lo que Él piensa acerca de ciertas acciones y pensamientos. Conociendo a Dios, Su corazón, Sus pensamientos, Sus caminos y Su poder, nos ayuda a amarlo y reverenciarlo más y más. Sus caminos son justos. Él no cambia en su amor, Su misericordia y Su justo juicio de la iniquidad.

No te olvides de determinar un tema para Proverbios 16 y registrarlo en el PANORAMA GENERAL DE PROVERBIOS.

SÉPTIMO DÍA

 Guarda en tu corazón: Proverbios 15:1; 16:18
Lee y discute: Proverbios 15-16

PREGUNTAS PARA DISCUSIÓN O ESTUDIO INDIVIDUAL

∾ Discute el rol de la boca y las consecuencias de lo que dices.

ↄ ¿Qué piensa el Señor de las varias acciones que observaste?

ↄ ¿Cuál es la conexión entre el orgullo y la reprensión?

ↄ ¿Qué cosas son abominación al Señor y por qué?

ↄ ¿Cómo puede un hombre preservar su vida?

ↄ Repasa lo que aprendiste a lo largo de Proverbios acerca del sabio y el necio.

PENSAMIENTO PARA LA SEMANA

¿Qué le hace el orgullo a una persona? Un proverbio dice que ésta precede a la destrucción personal y el fracaso (una caída). Pero Proverbios también dice que el Señor derribará la casa del orgulloso. Cerca de 140 años después del reino de Salomón, Usías, el décimo rey de Judá, hizo lo recto ante los ojos del Señor, buscando a Dios en los días de Isaías. La Palabra dice que mientras buscó a Dios, prosperó. Fue exitoso en la guerra porque Dios lo ayudaba. Su fama se extendió. (Puedes leer esta historia en 2 Crónicas 26).

Pero más adelante se volvió orgulloso, rechazando la verdad de que su éxito era debido al favor del Señor y optando por creer que era su propia obra. Y entonces cayó.

Usías fue al templo de Salomón y decidió ofrecer incienso ante Dios. Dios le dio lepra por el resto de su vida. Él ya no pudo entrar al templo debido a que estaba contaminado y tuvo que vivir separado de la gente por el resto de su vida.

¡Qué tragedia! ¡Tanto éxito seguido de una caída estrepitosa! Pero esto es lo que Salomón le estaba advirtiendo a su hijo en estos proverbios. Si él, su hijo, su nieto y los siguientes en la línea hubiesen leído, entendido y obedecido estos proverbios, Usías podría haber actuado de manera diferente.

O tal vez no. El orgullo es así, nos ciega ante la verdad. La palabra hebrea traducida como orgullo en Proverbios 16:18 es a veces traducida como *hinchazón* o *exaltación*. Casi podemos ver la cabeza agrandada, que piensa más en si misma de lo que debe, exaltándose a si misma cuando debería exaltar al Señor. El orgullo en este capítulo no es relativo a otros hombres sino a Dios.

El orgullo comenzó con el diablo. Al leer Ezequiel 28:12-17, ves que el orgullo causó la caída del "querubín protector de alas desplegadas" en Edén. En lugar de exaltar a Dios por crear su belleza, "se enalteció su corazón a causa de tu hermosura" y "corrompiste tu sabiduría a causa de tu esplendor".

El orgullo se extendió al hombre en el Edén al ser tentado por el diablo a dudar de la Palabra de Dios y del amor de Dios. Apelando al deseo del hombre, Satanás convenció al hombre que sería como Dios, al comer del fruto prohibido.

Y el hombre cayó.

Hay una cura muy simple para el orgullo: Dios nos humilla. Cada persona orgullosa está destinada a la humillación de Dios. Adán y Eva fueron humillados por la desnudez, por la expulsión del Edén, por el dolor del parto, por el trabajo para cosechar de la tierra y por la muerte.

Incluso si no somos humillados fuertemente durante nuestra vida, somos humillados por la muerte. Ningún hombre se escapa de ella. Y después de ella viene el juicio, otra cosa que ningún hombre escapa. El orgulloso que nunca creyó en el evangelio de Dios verá su caída por toda la eternidad.

El orgullo que se jacta es del mundo, no del Padre, nos dice Juan. Tanto Santiago como Pedro nos dicen que Dios se opone al orgulloso pero da gracia al humilde. El orgulloso sigue el viejo truco de Satanás, la trampa que los hace caer y que hizo caer al hombre desde el principio. Es posiblemente el engaño número uno de Satanás: "¡Mira lo que tú has logrado!".

Cuando sucumbimos a este pensamiento, cuando confundimos nuestros propios méritos con el buen favor del Señor, caemos en la trampa que Satanás nos tendió y nos aproximamos a la caída.

Así que debemos recordar el proverbio, el ejemplo del rey Usías y las enseñanzas de Juan, Santiago y Pedro. Obedece la Palabra de Dios y evita la inevitable caída y destrucción que vienen después del orgullo.

No es lo Que Dices, Sino lo Que No Dices

Muchas de las cosas que decimos nos meten en problemas. Proverbios nos ha enseñado mucho acerca de esto ya. De manera complementaria, nos enseña a considerar los efectos de nuestras palabras, a responder despacio y a veces a escoger no decir nada en absoluto.

PRIMER DÍA

Lee Proverbios 17 hoy, marcando las palabras clave de tu separador de páginas. Tómate tu tiempo; no te apresures. Deja que las verdades de este capítulo penetren en ti a medida que lees y marcas estas palabras. No te pierdas *mal*[32].

Como hemos visto por muchos capítulos, el sabio y el necio son los personajes centrales, así que haz una lista de lo que aprendas al marcar estas palabras.

SEGUNDO DÍA

En el capítulo 10, comenzamos a ver los efectos de la boca, lo que decimos y cómo lo decimos. Este tema continua en el capítulo 17, pero surge un nuevo aspecto.

Lee el capítulo de nuevo y nota cuán a menudo se refiere a no hablar. Haz una lista de lo que aprendas acerca de quedarse callado.

Continuando nuestro patrón, formula un tema para Proverbios 17 y regístralo en el PANORAMA GENERAL DE PROVERBIOS.

TERCER DÍA

Lee Proverbios 18 hoy, marcando las palabras clave de tu separador de páginas. Añade a tus lista lo que aprendes acerca de los contrastes entre sabiduría e insensatez, el sabio y el necio.

CUARTO DÍA

Proverbios 18:10 es probablemente familiar, pero ¿no parece fuera de lugar entre estos versículos que discuten la sabiduría, la necedad y el efecto de las palabras? Considera por qué aparece aquí. Un principio de observación que aprendimos en los primeros capítulos es buscar paralelos, versículos que refuerzan un tema al usar ideas equivalentes o contrastantes. Observa los versículos 10-12 y anota lo que aprendas.

Otro tema en este capítulo es el contraste entre la riqueza y la pobreza. Registra lo que aprendas acerca de este tema en el capítulo 18.

Finalmente, determina el tema para Proverbios 18 y regístralo en el PANORAMA GENERAL DE PROVERBIOS.

QUINTO DÍA

Lee Proverbios 19 hoy, marcando las palabras clave de tu separador de páginas.

Observando lo que marcaste, ¿cuál parece ser el tema dominante en este capítulo? ¿Cuántos versículos hablan de este tema?

Haz una lista de todo lo que aprendas acerca de la riqueza y la pobreza y los temas relacionados como la generosidad, los regalos y el lujo. Marca *riqueza* con un signo de dólar (o el símbolo de la moneda de tu país) y añádela a tu separador de páginas.

SEXTO DÍA

Ayer, pasaste algún tiempo aprendiendo acerca de la pobreza y la riqueza y preguntamos qué tan importante es este tema en el capítulo 19. Ahora, ¿cómo se relacionan estas cosas con el necio?

Determina un tema para Proverbios 19 y regístralo en el PANORAMA GENERAL DE PROVERBIOS.

SÉPTIMO DÍA

Guarda en tu corazón: Proverbios 18:10

Lee y discute: Proverbios 17:4-14, 27-28; 18:6-8, 13, 19, 24; 19:1, 4-17

Preguntas para Discusión o Estudio Individual

- ∾ Repasa lo que aprendiste en Proverbios hasta ahora acerca de las palabras que dices.

- ∾ Discute lo que dicen estos versículos acerca de hablar y quedarse callado.

- ∾ ¿Qué te dicen las otras cosas que has aprendido acerca del habla del que "cubre una falta"? Explica tu respuesta.

ও ¿Cómo puede un amigo amar en todo tiempo? ¿Cómo se relaciona esto con un amigo que es más cercano que un hermano?

ও ¿Cómo aplicarías Proverbios 18:10 a los temas de estos capítulos?

ও ¿Qué aprendiste acerca de trabajar diligentemente?

ও Resume y discute los temas principales de estos capítulos.

PENSAMIENTO PARA LA SEMANA

El elocuente humorista, novelista y autor de historias cortas Mark Twain una vez escribió: "Es mejor mantener la boca cerrada y dejar que las personas piensen que eres un tonto, que abrirla y despejar todas las dudas". Si bien es gracioso, este dicho es verdadero. La sabiduría común a menudo está basada en la Palabra de Dios; la mayoría de la gente simplemente no conoce la fuente original.

Estos capítulos de Proverbios tratan con la misma idea, mantener la boca cerrada. Proverbios 17:28 dice: "Aun el necio, cuando calla, es tenido por sabio, cuando cierra los labios, por prudente". No decir tonterías te hace ver sabio; abrir la boca para decir tonterías prueba que eres un necio. Quedarse callado elimina el riesgo de accidentalmente hablar necedades. Así que en general, el silencio es para tu propio bien.

Otra buena razón para no hablar es que puede promover el bien de los demás. Por ejemplo: "Mejor es un bocado seco y con él tranquilidad, que una casa llena de banquetes con discordia" (Proverbios 17:1). En otras palabras, un banquete no vale la pena si está en medio del conflicto; la paz y tranquilidad son más valiosas, aunque no tengas mucho que comer e incluso si la comida es mala. También lo es el silencio cuando un hombre peca. Anunciar los errores no borra el pecado, ni tampoco unifica o promueve la amistad. Mas bien separa. Y Efesios nos urge a mantener la unidad del Espíritu.

Permitir que una pelea escale hasta llegar a ser un conflicto es como hacer un hoyo en un dique o represa, tarde o temprano surge un desastre más grande. A veces la mejor decisión es mantenerse callado, mantener la paz y prevenir un enredo más grande. Esto es difícil de hacer a veces. Nos dan ganas de hablar, de dar nuestra opinión, de decirle al mundo lo que necesitan saber. Pero ¿realmente necesitan saberlo?

¿Y qué de nuestros motivos? ¿Hablamos para desquitarnos? ¿Hablamos para sanar o para herir? ¿Ayudarán nuestras palabras a que los que nos escuchan se acerquen a Dios o abrirán brechas entre ellos y Dios, entre ellos, nosotros y los demás?

Jesús habló de este principio cuando Él discutió acerca de la disciplina de la iglesia (Mateo 18:15-18):

> Si tu hermano peca, ve y repréndelo a solas; si te escucha, has ganado a tu hermano. Pero si no te escucha, lleva contigo a uno o a dos más, para que toda palabra sea confirmada por boca de dos o tres testigos. Y si rehúsa escucharlos, dilo a la iglesia; y si también rehúsa escuchar a la iglesia, sea para ti como el gentil (el pagano) y el recaudador de impuestos. En verdad les digo, que todo lo que ustedes aten en la tierra, será atado en el cielo; y todo lo que desaten en la tierra, será desatado en el cielo.

¿Ves? Si escucha, has ganado un hermano. Sin separación. Comparte la información privadamente, sin acusar o chismear. Incluye a otros solo si tu hermano rehúsa reconocer la verdad de cara a testigos de la verdad y aún así, hazlo en una manera ordenada y regulada.

Este es el amigo que ama en todo tiempo, el hermano nacido de la adversidad. En tiempos difíciles, un espíritu afable y restringir las palabras suprimen el conflicto y producen armonía, maneras prudentes de corregir los errores y corregir a los que se han desviado. Este el es tipo de reprimenda que la gente escucha.

Si, este tipo de restricción nos deja con cargas en nuestro corazón que no podemos compartir con otros. Pero sí *podemos* compartirlas con el Señor. No tenemos que llevar las cargas solos y no tenemos que llevarlas en absoluto si las entregamos al Señor en oración. Vivimos por la sabiduría de Dios cuando frenamos nuestra lengua, por el bien de los demás, según estos Proverbios.

Compara la amonestación de Pablo a los filipenses:

> No hagan nada por egoísmo (rivalidad) o por vanagloria, sino que con actitud humilde cada uno de ustedes considere al otro como más importante que a sí mismo, no buscando cada uno sus propios intereses, sino más bien los intereses de los demás. (Filipenses 2:3-4).

Una manera de vivir esto es considerar *qué* dices, *cuándo* lo dices, *cómo* lo dices y a *quién* lo dices. Proverbios nos da sabiduría piadosa en todas estas áreas.

*H*OMBRE *R*ICO, *H*OMBRE *P*OBRE

Proverbios 22:2 nos enseña que "el rico y el pobre tienen un lazo común. A ambos los hizo el Señor". Así que, ¿son las personas ricas y pobres realmente tan diferentes? ¿Ama Dios más a las personas ricas que a las pobres? ¿Nos ayuda esta perspectiva de la soberanía de Dios sobre todas las personas a dejar de codiciar o buscar el favor de los ricos como algo valioso y evitar o despreciar a los pobres como cargas?

PRIMER DÍA

Lee Proverbios 20 y marca las palabras clave de tu separador de páginas. Aunque *pobre* se usa solo una vez en este capítulo, hay varias referencias al comercio y al hacer dinero. ¡No te las pierdas! Dios provee sabiduría para cada área de nuestras vidas.

SEGUNDO DÍA

¿Qué aprendiste acerca de la riqueza y la pobreza? Haz una lista de los puntos importantes.

¿Qué relación existe entre la riqueza, la pobreza y la honestidad? ¿Qué piensa el Señor de ellos?

Registra el tema para Proverbios 20 en el PANORAMA GENERAL DE PROVERBIOS.

TERCER DÍA

Lee Proverbios 21, marcando las palabras clave de tu separador de páginas. Verás que el tema del comercio, ganarse la vida y manejar la riqueza continúa en este capítulo.

CUARTO DÍA

Continúa haciendo la lista de lo que aprendes acerca de la riqueza. También registra lo que aprendas acerca de los impíos y acerca del mal.

Registra un tema para Proverbios 21 en el PANORAMA GENERAL DE PROVERBIOS.

QUINTO DÍA

Lee Proverbios 22, marcando las palabras clave de tu marcador de páginas. De nuevo, nota lo que este capítulo enseña acerca de la riqueza y la pobreza.

SEXTO DÍA

Repasa todo lo que has registrado acerca de la riqueza esta semana y ve si puedes resumirlo en algunos principios básicos.

Lee Proverbios 22:17-21 de nuevo y nota que va dirigida personalmente a alguien. Relaciona esto con los primeros capítulos de Proverbios. ¿Cuál es la conexión?

Registra tu tema para Proverbios 22 en el PANORAMA GENERAL DE PROVERBIOS.

SÉPTIMO DÍA

Guarda en tu corazón: Proverbios 22:1

Lee y discute: Proverbios 20:10-14, 21-23; 21:13-17; 22:1-9, 16, 22-23, 26-27

PREGUNTAS PARA DISCUSIÓN O ESTUDIO INDIVIDUAL

෨ Discute el contraste entre la riqueza y la pobreza.

෨ ¿Cuál es la relación entre el justo, el impío y las riquezas?

෨ ¿Cuál es la opinión de Dios acerca de la honestidad? Cita algunos ejemplos.

෨ Discute el habla y el conocimiento y su relación con el comportamiento del rico y el pobre.

PENSAMIENTO PARA LA SEMANA

Nuestra responsabilidad hacia las riquezas no es juego de niños. Dios toma en serio cómo vivimos, trabajamos, adquirimos riquezas y tratamos a los pobres. En nuestro estudio de Proverbios 17-22 en las últimas dos semanas, hemos visto muchas referencias a las riquezas, la pobreza y al tratamiento de los pobres. Estas cosas reflejan nuestra relación con Dios.

"El que se burla del pobre afrenta a su Hacedor", dice Proverbios 17:5. ¿Ves cómo encaja esto con Proverbios 22:2? Dios hace tanto al rico como al pobre; ambos son Sus criaturas, así que burlarse de ellos es burlarse de Dios. Ser pobre no es pecado, pero burlarse de la gente pobre lo es.

Más importante para Dios que las riquezas, sin embargo, es el corazón. "Mejor es el pobre que anda en su integridad que el de labios perversos y necio" (Proverbios 19:1). Aquí está la verdadera clave para una correcta relación con Dios: el carácter. La riqueza no mide la santidad; el carácter, la integridad y el habla sí. "El que se apiada del pobre presta al Señor y Él lo recompensará por su buena obra… Lo que es deseable en un hombre es su bondad y es mejor ser pobre que mentiroso" (Proverbios 19:17, 22).

La búsqueda de la riqueza lleva al hombre a todo tipo de mal. Pablo le escribió a Timoteo: "Pero los que quieren enriquecerse caen en tentación y lazo y en muchos deseos necios y dañosos que hunden a los hombres en la ruina y en la perdición. Porque la raíz de todos los males es el amor al dinero, por el cual, codiciándolo algunos, se extraviaron de la fe y se torturaron con muchos dolores" (1 Timoteo 6:9-10). Él le dice a Timoteo que huya de estas cosas. ¿Por qué? ¡Porque el carácter, la integridad y la devoción al Señor son más importantes! Dios hace tanto al rico como al pobre. Nosotros no deberíamos buscar la riqueza del mundo sino la riqueza de la santidad.

Jesús enseñó esto en Su Sermón del Monte: No puedes servir a Dios y al dinero, así que no te hagas tesoros en la tierra donde el moho y el óxido destruyen y donde los ladrones entran y roban. Más bien, guarda tesoros en el cielo. Donde está tu tesoro, ahí estará tu corazón.

La Palabra de Dios nunca cambia. Jesús enseñó la Palabra de Dios acerca de los ricos y pobres; Pablo también enseñó la Palabra de Dios acerca de los ricos y pobres. Ambos enseñaron la sabiduría que Salomón enseñó a su hijo, la Palabra de Dios sobre el rico y el pobre.

La riqueza en la tierra no es el objetivo del sabio sino del necio que sacrifica su imperecedera relación con Dios por algo que perece, algo que no puede llevarse con él cuando deje este mundo.

Dios nos enseña a ser buenos mayordomos de lo que Él nos da. Jesús enseñó parábolas de nuestro tiempo, talentos y dones espirituales así como de cosas materiales y Dios nos da lo que tenemos entre todos estos bienes. Él hace al rico y al pobre. Nosotros somos simplemente mayordomos de lo que Él nos da. Nuestra más grande recompensa es escucharlo decir, "Bien hecho, siervo bueno y fiel".

¿DE QUIÉN SON LOS AYES?
¿DE QUIÉN LAS TRISTEZAS?

Los que se entretienen mucho en la bebida reciben problemas y dolor, contenciones, quejas, heridas sin causa y ojos rojos. Oh, no nos malentiendas; a otros también les ocurren estas cosas, es solo que la borrachera las trae más rápido. Proverbios nos enseña una manera fácil de evitarlos.

PRIMER DÍA

Lee Proverbios 23 hoy, marcando las palabras clave de tu separador de páginas. Asegúrate de marcar *riquezas*.

SEGUNDO DÍA

Lee Proverbios 23 de nuevo, marcando *regocijarán*[33] con una nube rosada y *ayes*[34] con una nube negra pintada de café. Añádelas a tu separador de páginas. En los versículos 1-21, marca *no* y lista las cosas que Salomón nos advierte de no hacer.

TERCER DÍA

Lee los versículos 20-35 de nuevo y lista todas las verdades acerca del tomar vino. Este es el primer pasaje que hemos visto acerca de tomar alcohol. Este puede ser un tema controversial en la iglesia y la gente tiene fuertes opiniones al respecto. Mira si puedes discernir el punto principal acerca del tomar vino aquí. ¿Es el punto principal la abstención o el auto control?

Registra un tema para Proverbios 23 en el PANORAMA GENERAL DE PROVERBIOS.

CUARTO DÍA

Lee Proverbios 24 y marca las palabras de tu separador de páginas. Marca *maldecirán* con una nube naranja pintada de café y añádela a tu separador.

QUINTO DÍA

Lee el capítulo 24 de nuevo y haz una lista de lo que aprendas acerca del contraste entre el sabio y el malvado (impíos).

¿Qué enseña el capítulo acerca de la honestidad y la misericordia?

Dios es justo y honesto; el diablo es el mentiroso y lleno de engaños. Dios es misericordioso; el diablo es un asesino. Así que cuando vemos lo que Dios enseña acerca de la honestidad y la misericordia, Él simplemente nos está mostrando cómo vivir una vida que refleja el carácter de nuestro Padre.

SEXTO DÍA

Haz una lista de lo que aprendas acerca de Dios en este capítulo. Tu vida puede reflejar el carácter de tu Padre, solo si lo llegas a conocer más y más. Conocer a Dios, no solamente conocer acerca de Él y conocer Sus caminos, son las claves para vivir la vida según Sus deseos para nosotros.

Lee los versículos 30-34 y haz una lista de lo que aprendas acerca de la pereza. Registra un tema para Proverbios 24 en el PANORAMA GENERAL DE PROVERBIOS.

SÉPTIMO DÍA

 Guarda en tu corazón: Proverbios 23:17
Lee y discute: Proverbios 23:20-35; 24:12,23-29

Preguntas para Discusión o Estudio Individual

- ❧ Discute lo que dice Proverbios 23 acerca de asociarse con bebedores de vino y los que se persisten mucho con el vino.

- ❧ ¿Qué aprendiste acerca de Dios en el capítulo 24? ¿Cuál es la reacción del Señor hacia las personas que no muestran misericordia?

- ❧ Discute lo que aprendiste acerca de la honestidad en Proverbios 24.

- ❧ ¿Qué te enseñan estos capítulos acerca de lo que debes decir? ¿De qué maneras diferentes se pueden utilizar las palabras?

- ❧ ¿Cómo reacciona la gente a la honestidad y al hablar sinceramente? ¿Te identificas con lo que enseña Proverbios?

PENSAMIENTO PARA LA SEMANA

"¡La Biblia no dice nada acerca de la bebida!" gritó, con el rostro enrojecido, la camisa arrugada, la transpiración sin que haga calor y la defensa cuando nadie lo acusaba. "Sí lo dice" respondió el amigo. "¡Dice que no te emborraches!"

El alcohol es un tema candente en círculos cristianos. Por un lado están los abstemios, quienes nunca tocan el alcohol. Por otro lado están los que toman en diferentes grados. "¡Libertad!" clama un lado. "¡Testimonio!" predica el otro. A veces la discusión se torna en acusaciones de legalismo y censura a los que condenan la bebida.

Dos cosas son verdaderas: De los que son borrachos, 100% beben. De los que no beben, 100% no son borrachos. Vacuo argumento, podrías pensar. Pero una garantía contra la borrachera es no beber.

Vimos dos Proverbios interesantes que discuten la bebida la semana pasada: "El vino es provocador, la bebida fuerte alborotadora y cualquiera que con ellos se embriaga no es sabio"(Proverbios 20:1) y "El que ama el placer será pobre; el que ama el vino y los ungüentos no se enriquecerá"(Proverbios 21:17).

En esta semana de estudio, Proverbios 23 nos informa acerca de las consecuencias del que se demora con el trago fuerte: contenciones, quejas, heridas sin causa, ojos rojos, alucinaciones, palabras perversas y ganas de más bebida por la mañana.

Ahora, ¿qué dice el resto de la Biblia acerca de la bebida? ¿Qué historias y enseñanzas nos dan principios para entender?

Génesis 9 continúa la historia de Noé después del diluvio. Un día se emborrachó y se desnudó en su tienda. Uno de sus hijos, Cam, vio a su padre desnudo y lo reportó a sus hermanos en lugar de cubrirlo. Por esto fue maldito. Este escenario pudo haberse evitado si Noé no se hubiera emborrachado.

Génesis 19 cuenta la historia de Lot y sus dos hijas, después de la destrucción de Sodoma y Gomorra. Ellas hicieron que su padre bebiera tanto que no se dio cuenta que tuvo sexo con ellas. Los hijos producto de ello fueron Moab y Amón, cuyos descendientes han sido enemigos de Israel hasta hoy.

En Levítico 10, Dios le dice a Aarón y sus hijos que no se acerquen a la tienda de reunión si han tomado vino o un trago fuerte, para que puedan hacer distinción entre lo santo y lo profano.

En Isaías 5:8-13, la gente que busca el vino por placer son ejemplos del pueblo de Dios que irá al exilio por falta de conocimiento.

Dios usa la borrachera y sus consecuencias (desnudez y vómito) como metáforas de arrogancia, orgullo y juicio, Moab en Jeremías 48:26, Babilonia en Jeremías 51:7, 39, 57, Edom en Lamentaciones 4:21 y Nínive en Nahúm 3:11 son ejemplos.

La Biblia nunca prohíbe la bebida, pero la borrachera es frecuentemente contrastada con la santidad y el comportamiento que honra a Dios. Todas las consecuencias de emborracharse son negativas.

En el Nuevo Testamento, el versículo clásico es Efesios 5:18: "y no se embriaguen con vino, en lo cual hay disolución, sino sean llenos del Espíritu".

La palabra griega traducida como "disolución" (*asotia*) significa un gasto desperdiciado o un desvío del esfuerzo. La palabra se usa en otros dos lugares, ambos con sentido negativo:

> Lo designarás, si el anciano es irreprensible, marido de una sola mujer, que tenga hijos creyentes, no acusados de disolución ni de rebeldía. (Tito 1:6)

> Y en todo esto, se sorprenden de que ustedes no corren con ellos en el mismo desenfreno de disolución y los insultan. (1 Pedro 4:4)

La disolución (desperdicio) es una consecuencia de la borrachera y siempre es una mala cualidad.

Primera de Timoteo contiene cualidades de liderazgo para ancianos y diáconos que incluyen "no dados al mucho vino" (3:8).

Por otro lado, la bebida misma no es condenada en la Biblia. Pablo incluso le dijo a Timoteo que tome un poco de vino por su estómago: "Ya no bebas agua sola, sino usa un poco de vino por causa de tu estómago y de tus frecuentes enfermedades." (1 Timoteo 5:23).

Romanos 14 deja claro que el vino en sí no es contaminado o malo y la Escritura no incluye ninguna prohibición contra la bebida. Pero la borrachera es claramente mala. La borrachera es el problema y se nos dice que no nos asociemos con ningún "hermano" borracho:

> Sino que en efecto les escribí que no anduvieran en compañía de ninguno que, llamándose hermano, es una persona inmoral o avaro o idólatra o difamador o borracho o estafador. Con esa persona, ni siquiera coman. (1 Corintios 5:11).

Y aprendemos que los borrachos están entre "los injustos" que no heredarán el reino de Dios:

> ¿O no saben que los injustos no heredarán el reino de Dios? No se dejen engañar: ni los inmorales, ni los idólatras, ni los adúlteros, ni los afeminados, ni los homosexuales, ni los ladrones, ni los avaros, ni los borrachos, ni los difamadores, ni los estafadores heredarán el reino de Dios. (1 Corintios 6:9-10).

La bebida no es mala, la borrachera lo es. Si escoges beber, no te emborraches.

LAS MANZANAS
DE ORO

Las palabras importan. Ellas pueden ser manzanas de oro en engastes de plata como aros de oro u otros ornamentos. Pueden hacer mejor las cosas y tienen el poder de producir vida... pero tan solo si son palabras sabias.

PRIMER DÍA

Lee Proverbios 25 y marca las palabras de tu separador de páginas. También marca *rey* y *gloria* y añádelas a tu separador. Piensa en los dos tipos de gloria, la de Dios y la propia y cuál deseas más.

SEGUNDO DÍA

Lee el versículo 1 y nota el comienzo de un nuevo segmento. ¿De quién son estos proverbios? ¿Quién los registró? Marca esto en el PANORAMA GENERAL DE PROVERBIOS.

Si no estás familiarizado con Ezequías, rey de Judá, lee 2 Reyes 18:1-8. Si estás interesado en toda la historia y tienes tiempo, lee 2 Reyes 18-20 y 2 Crónicas 29-32.

El punto principal es que Ezequías llevó al reino de Judá de regreso al Señor al enfrentar la amenaza asiria, después que tomó cautivo al reino del norte (Israel).

TERCER DÍA

Haz una lista de lo que aprendas acerca de la *gloria* en este capítulo. Asegúrate de notar la gloria de quién es mencionada: la de Dios, el rey o la tuya. Piensa de nuevo acerca de la pregunta que consideramos en el primer día. ¿La gloria de quién deseas más?

También haz una lista de lo que aprendas acerca de las palabras.

Escribe tu tema para Proverbios 25 en el PANORAMA GENERAL DE PROVERBIOS.

CUARTO DÍA

Lee Proverbios 26 y marca las palabras clave. Marca *odia* (*odio*) y añádelo a tu separador de páginas. Podrías marcarlo con un corazón negro o podrías dibujar un corazón rojo con una línea negra sobre él.

Haz una lista de lo que aprendes acerca del odio. El odio en sí mismo no es malo. Dios dice en Malaquías que odia el divorcio. Lo importante es odiar lo que se debe. Piensa en la relación entre el amor y el odio. ¿Hay un punto medio?

QUINTO DÍA

Lista lo que aprendas acerca de los necios en Proverbios 26. Nota la referencia a un proverbio en la boca de un necio.

Si no te diste cuenta de la repetición de *sabio ante sus propios ojos*[35], márcala y lista lo que aprendas.

SEXTO DÍA

Haz una lista de lo que aprendas acerca de la pereza, de lo que se dice del perezoso. Si no sabes lo que es un perezoso, el contexto debería dejarlo claro.

¿Qué aprendes acerca del chismoso? ¿Qué está haciendo?

Registra el tema de Proverbios 26 en el PANORAMA GENERAL DE PROVERBIOS.

SÉPTIMO DÍA

 Guarda en tu corazón: Proverbios 25:11

Lee y discute: Proverbios 25:11-15, 23-25; 26:1-12

Preguntas para Discusión o Estudio Individual

- Discute lo que aprendiste acerca del efecto de las palabras.

- ¿Cómo está *tu* modo de hablar? ¿Qué quisieras cambiar?

- ¿Qué aprendiste acerca de los necios en Proverbios 26?

- ¿Cómo se compara esto con lo que aprendiste antes en Proverbios? ¿Qué recuerdas?

- ¿Qué significa *sabio ante sus propios ojos*? ¿Dónde se encuentra la sabiduría según Proverbios?

∾ ¿Qué puedes aplicar a tus vidas de Proverbios 25-26?

Pensamiento para la Semana

Proverbios 16:24 dice, "Panal de miel son las palabras agradables, dulces al alma y salud para los huesos". En las últimas semanas hemos visto el poder de las buenas y malas palabras y sus efectos sobre las personas. Esta semana vimos las palabras correctas en las circunstancias apropiadas, palabras bien escogidas.

Demasiado a menudo en nuestra vida nos encontramos usando palabras inadecuadamente. No sabemos qué decir en algunas situaciones. Nos encontramos incapaces de expresar verbalmente lo que pensamos y sentimos. Tan solo piensa en situaciones estresantes que hayas experimentado, como enfermedades graves y muerte de miembros de la familia o amigos cercanos, tal vez incluso en oración no pudiste encontrar palabras lo suficientemente adecuadas para expresar lo que tenías en tu corazón.

Aquí está la belleza de conocer la Palabra de Dios. Aunque algunos ignorarían los versículos que citas como triviales, recuerda, son las palabras de Dios para nosotros. Ellas tienen el propósito de confortar, levantar, darnos verdad, sanidad y esperanza. Conocer la sabiduría de Dios y hablar de ella en el lugar y momento adecuado nunca es trivial, ni fuera de lugar, ni equivocado. La clave es la palabra adecuada en el lugar correcto en el momento justo.

Así son las manzanas de oro en engastes de plata. Palabras bien escogidas de la Palabra de Dios, la sabiduría de Dios, son como piezas finas de joyería que hacen mejor cada situación porque traen confort, sanidad y esperanza.

Incluso las palabras de Dios de reprensión en el lugar adecuado y el momento justo son como joyas finas. ¿Cómo puede ser esto? ¿Cómo puede el mostrarle a la gente que está equivocada adornar o embellecer como las joyas finas?

Estas palabras traen a los que se desvían, de regreso del camino de la destrucción, del juicio, de recibir la ira por pensamientos, palabras y obras malas.

¿La crítica puede embellecer? Piensa en ello. Cuando tus hijos hacen algo peligroso, no vacilas en decirles que se detengan, los arrebatas del peligro y luego les explicas cómo sus acciones pudieron haber sido dañinas. Dios hace lo mismo con Sus hijos. Él resumió Sus guías para la vida y advertencias de peligro en un libro, para que nosotros aprendiéramos de él y lo usemos. Si nos damos cuenta de que Su sabiduría es superior a la nuestra y sabemos que Sus palabras están diseñadas para ayudarnos y nunca lastimarnos, ¿por qué no las compartiríamos aunque sonaran a crítica a algunas personas?

Proverbios 25:13 compara el mensaje fielmente entregado con la frescura de la nieve en tiempo de siega. Veremos este tema repetido en Proverbios 27, así que búscalo ahí también. Aquí hay dos principios que debemos observar: la crítica abierta es mejor que el amor escondido y la crítica de un amigo es fiel.

Las palabras habladas justamente son beneficiosas, no dañinas. Incluso si tu reacción inmediata es sentirte lastimado, si son palabras justas, según la Palabra de Dios y dichas de la manera correcta en el tiempo justo, no serán dañinas. Con el tiempo, las reconocerás como algo para tu propio bien.

¿Pero cómo sabemos cómo, cuándo y qué decir? Conoce la sabiduría de Dios primero. Ora para que Dios traiga palabras sanadoras a tu mente y oportunidades para entregarlas en el momento justo de la manera adecuada.

Hemos visto algunos casos de personas que dicen que estaban "hablando la verdad en amor" y tal vez lo estaban haciendo, pero podemos garantizar que no lo hicieron en el momento justo. En medio de una situación que no está saliendo como se había planeado, decirle a alguien "debiste haber hecho esto o aquello" probablemente no ayudará. Después de que las cosas se hayan calmado y la gente haya pensado en la situación, podrán recibir corrección útil sin irritación. Estamos seguros que hemos hecho lo mismo en algún momento y apostamos que lo has hecho también. Nuestra equivocación fue no haberlo hecho en el momento justo. Saltamos a la situación sin esperar el tiempo de Dios; las circunstancias no fueron las adecuadas para dar el mensaje. Ahí es donde la oración juega un papel clave.

Así que ora. Pídele a Dios que te muestre qué decir y cuándo decirlo, cómo entregar manzanas de oro en engastes de plata.

Sabio Ante Sus Propios Ojos

ᘒᘒᘒᘒ

El hombre rico es sabio ante sus propios ojos, pero el hombre pobre con entendimiento, ve a través de él. Esta no es una declaración acerca de la gente rica o pobre, sino de la sabiduría y el entendimiento. La sabiduría de Dios es diferente a la nuestra. El que tiene la sabiduría de Dios puede ver a través del que es sabio ante sus propios ojos.

ᘒᘒ

PRIMER DÍA

Lee Proverbios 27 hoy, marcando las palabras clave de tu separador de páginas. Marca *furor*[36] con una *I* naranja y añádela a tu separador.

Haz una lista de lo que aprendas acerca de las riquezas en los versículos 23-27.

ᘒᘒ

SEGUNDO DÍA

Como en capítulos anteriores, haz una lista de lo que aprendiste acerca de *qué* decir, a *quién* decirlo, *cuándo* decirlo y *cómo* decirlo.

¿Qué hace un corazón alegre?

Registra un tema para Proverbios 27 en el PANORAMA GENERAL DE PROVERBIOS.

TERCER DÍA

Lee Proverbios 28, marcando las palabras de tu separador de páginas. Vale la pena marcar *oración* y *misericordia,*[37] aunque aparecen solo una vez. Marca *oración* con un tazón morado coloreado de rosado. Las oraciones de los santos son como incienso ante Dios (Apocalipsis 8:3-4). Colorea *misericordia* de verde. No necesitas añadir estos a tu separador de páginas.

CUARTO DÍA

Haz una lista de lo que aprendas acerca del pobre y el rico, notando especialmente los contrastes.

También nota los contrastes entre los justos y los impíos. (Querrás hacer una lista de dos columnas para tener en claro este contraste).

Decide un tema para Proverbios 28 y regístralo en el PANORAMA GENERAL DE PROVERBIOS.

QUINTO DÍA

Lee Proverbios 29 y marca las palabras clave de tu separador de páginas. ¡Ya casi llegamos al final de Proverbios! Sigue adelante. ¡No te rindas, el objetivo está cerca!

SEXTO DÍA

De nuevo, los contrastes entre el impío y el justo son la clave en este capítulo. Querrás añadir lo que aprendas en este capítulo a la lista que hiciste en Proverbios 28.

También lista lo que aprendas acerca de la sabiduría y el sabio.

Registra un tema para Proverbios 29 en el PANORAMA GENERAL DE PROVERBIOS.

SÉPTIMO DÍA

Guarda en tu corazón: Proverbios 27:6
Lee y discute: Proverbios 27:1-9; 28:3-16, 23; 29:1-13, 16

PREGUNTAS PARA DISCUSIÓN O ESTUDIO INDIVIDUAL

ᴄᴠ Discute el contraste entre el impío y el justo.

ᴄᴠ ¿Cuáles son las consecuencias del comportamiento impío?

ᴄᴠ ¿Qué tipos de comportamientos traen bendición y gozo?

ᴄᴠ Relata experiencias que has tenido que confirman estas verdades.

ᴄᴠ ¿Cómo el confesar y olvidar las transgresiones trae misericordia? ¿Cómo el ocultarlas está en contra de la misericordia?

ᴄᴠ ¿Cómo permite el entendimiento que puedas ver a través de aquellos que son sabios ante sus propios ojos?

Pensamiento para la Semana

Buscar al Señor trae entendimiento y el entendimiento nos ayuda a ver a través de los que son sabios ante sus propios ojos. ¡Los que no tienen entendimiento no entienden! Ellos piensan que nadie verá sus transgresiones. Piensan que se saldrán con la suya con su comportamiento.

Proverbios dice que esto no sucederá. Los opresores oprimirán, pero no prosperarán. Oh, podrán prosperar financieramente por un tiempo, acumulando riquezas de este mundo que el moho se come y el óxido destruye. Pero no se llevarán esas riquezas con ellos.

En el Sermón del Monte, Jesús enseña a Sus discípulos que guarden tesoros en el cielo. Él les enseña que donde esté su tesoro, ahí también estarán sus corazones. No podemos llevarnos riqueza material con nosotros, así que las cosas espirituales como la integridad, honestidad, misericordia y justicia importan más. Estas cosas reflejan el carácter de Dios. Proverbios 28:6 dice que ser pobre y caminar en integridad es mejor que ser rico y perverso. Proverbios 27:19 resume que nuestros corazones reflejan lo que somos, así como un espejo refleja nuestro rostro. Nuestra manera de vivir, gobernar, ganar riquezas… todo esto refleja nuestros corazones.

¿Por qué es la integridad mejor que la perversidad? Porque Dios juzga nuestras obras, no nuestras posesiones. Primera de Corintios 3:8-15 conecta nuestras recompensas en el cielo con nuestras obras (no cuánto tenemos) en la tierra. En su carta a Tito, Pablo nos advierte que no hagamos buenas obras por compromiso (2:7, 14; 3:8,14). Pero en 1 Corintios, Pablo añade la idea de las recompensas celestiales. Primera de Corintios 4:2-5 añade que Dios cuenta y juzga los motivos detrás de nuestras obras también. Podemos hacer la misma obra para la gloria de Dios o la nuestra, ¡hay una gran diferencia!

De hecho, 1 Corintios 3:15 dice que podemos sufrir pérdida por la calidad (no cantidad) de nuestras obras. La calidad incluye la motivación, el por qué hacemos las cosas, lo cual reside en nuestro corazón y reflejan quienes somos.

Pablo expandió esta idea para los corintios, cuando les dio detalles acerca del juicio del trono de Cristo:

> Porque todos nosotros debemos comparecer ante el tribunal de Cristo, para que cada uno sea recompensado por sus hechos estando en el cuerpo, de acuerdo con lo que hizo, sea bueno o sea malo. (2 Corintios 5:10).

Ninguna de estas enseñanzas del Nuevo Testamento son nuevas. La sabiduría de Salomón en Proverbios enseñó exactamente estas cosas, cerca de mil años antes de que Jesús predicara y Pablo escribiera.

Proverbios 25:21-22 dice que el Señor nos recompensará por alimentar a nuestros enemigos y darles algo de beber cuando estén hambrientos y sedientos.

Proverbios 24:12 nos dice que el Señor sondea los corazones y dará a cada hombre según su obra.

Así que, ¿qué deberíamos hacer con Proverbios? Reconocer que es la Palabra de Dios y vivir por ella o tratarla como el Almanaque del Pobre Ricardo de Benjamín Franklin? ¿Resume las experiencias temporales del hombre o la sabiduría eterna de Dios? La Biblia dice que la verdadera sabiduría es de Dios. Proverbios es la sabiduría de Dios para nosotros.

¿Confiamos en Dios? ¿Creemos en la Palabra de Dios? ¿Deberíamos vivir por ella? ¿Qué hizo Jesús?

UNA ESPOSA
EXCELENTE

Gracias a Dios, la búsqueda de la pareja perfecta hoy en día es computarizada, ¡eficiente y perfecta! Además de perfiles computarizados, la gente usa servicios de citas, servicios de búsqueda de parejas y citas rápidas. Años atrás los matrimonios eran arreglados (en algunas partes del mundo todavía lo son). ¿Qué está buscando la gente?

Si quieres saber la idea de Dios de la "mujer virtuosa" (hebreo, *isheh hayil*, Proverbios 31:10), lee Proverbios 31.

PRIMER DÍA

Lee Proverbios 30:1 y nota de quién son estos proverbios. Querrás marcar esto de alguna manera especial en el PANORAMA GENERAL DE PROVERBIOS.

Luego lee Proverbios 30, marcando las palabras clave de tu separador de páginas.

SEGUNDO DÍA

Lista lo que aprendas al marcar las referencias a Dios. ¿Cómo se relaciona esta verdad con el autor de este capítulo?

Lee Proverbios 30:10-14 de nuevo y subraya la frase *hay gente*[38]. ¿Cuáles son los cuatro tipos de personas?

TERCER DÍA

Lee Proverbios 30:15-33 de nuevo y subraya *tres cosas* y *cuarta*. Numera las cuatro cosas en el texto. Esta expresión "tres cosas y la cuarta", también ocurre en el profeta menor Amós. El Antiguo Testamento usa un número y luego el siguiente número más alto como recurso literario. El número más alto, en este caso, cuatro, está enumerado en detalle con énfasis en el último punto.

Lista los temas mencionados en cada uno de estos pasajes: versículos 15-17, versículos 18-20, versículos 21-23 y versículos 24-28.

¿Cómo se relacionan estos con lo que el autor dice acerca de Dios en los primeros nueve versículos?

Finalmente, registra un tema para Proverbios 30 en el PANORAMA GENERAL DE PROVERBIOS.

CUARTO DÍA

Según Proverbios 31:1, ¿quién es el autor de este último capítulo? Registra esto en el PANORAMA GENERAL DE PROVERBIOS.

Lee Proverbios 31:1-9, marcando las palabras clave de tu separador de páginas. También marca las referencias a *bebida fuerte*[39] y *vino*. ¿Cómo se relacionan estos proverbios con el versículo 1?

QUINTO DÍA

Ahora lee Proverbios 31:10-31, marcando las palabras clave de tu separador de páginas.

¿Cuál es el tema principal? Este es probablemente uno de los pasajes más conocidos en Proverbios y describe la mujer virtuosa. Este es una manera muy adecuada de terminar un libro acerca de la vida… acerca de los padres pasando a sus hijos sabiduría para la vida. ¿Qué mejor cosa que enseñar a un hijo cómo escoger su pareja de vida? Y por supuesto, este capítulo enseña a cada mujer cómo ser una esposa excelente.

Lista las características de la esposa. Si disciernes una cualidad común, anótala.

SEXTO DÍA

Repasa Proverbios 31:10-31, esta vez observando cómo las virtudes de la mujer impactan a su marido e hijos.

¿Cómo se relaciona el versículo 30 con lo que hemos aprendido acerca de la sabiduría a lo largo de Proverbios? ¿Cómo es este un final apropiado para el libro?

Finalmente, registra un tema para Proverbios 31 en el PANORAMA GENERAL DE PROVERBIOS.

SÉPTIMO DÍA

 Guarda en tu corazón: Proverbios 31:30
Lee y discute: Proverbios 30:1-10; 31:10-31

PREGUNTAS PARA DISCUSIÓN O ESTUDIO INDIVIDUAL

∽ Discute las palabras de Agur en Proverbios 30:1-10, a la luz de todo lo que has aprendido acerca de la sabiduría en Proverbios.

∽ Discute las relaciones entre el entendimiento, el conocimiento y la sabiduría.

∽ ¿En qué te identificas con Agur y en qué te diferencias?

∽ Discute las instrucciones de Dios acerca de la mujer virtuosa.

∽ Si eres una mujer, ¿qué aplicaciones puedes hacer? ¿Cuáles son algunas de tus responsabilidades importantes?

∽ Si eres un hombre, ¿qué aplicaciones puedes hacer? Si estás casado, ¿cómo afectará esto tu relación con tu esposa?

∽ ¿Qué has aprendido de este estudio de Proverbios que impactará tu vida? ¿Cómo afectará tu relación con el Dios Todopoderoso?

∽ ¿Cómo adquirirás sabiduría, entendimiento y conocimiento?

PENSAMIENTO PARA LA SEMANA

Engañosa es la gracia y vana la belleza, pero la mujer que teme al Señor, ésa será alabada (Proverbios 31:30).

¿Resume este versículo lo que aprendiste en las últimas 13 semanas en Proverbios? Si es así, ¿cómo? Si añadimos este versículo:

Así será bendecido el hombre que teme al
SEÑOR (Salmo 128:4).

¿Ves el principio? Seas un hombre o mujer, el temor al
Señor trae alabanza y bendición. De los 25 versículos
en que aparece la frase "temor del Señor", 14 están en
Proverbios. ¿Por qué? Porque el temor del Señor es el
principio de la sabiduría.

Si haces una lista de todo lo que aprendiste acerca
del temor del Señor en Proverbios, estarás maravillado.
El temor del Señor es el comienzo del conocimiento, de
la sabiduría, prolonga la vida, el odio del mal, la fuente
de vida, la confianza en la vida. Sus recompensas son las
riquezas, el honor y la vida.

No es de asombrarse entonces que Proverbios nos da
las respuestas de Dios para los problemas de hoy. Más que
todo, necesitamos conocimiento y una aplicación correcta,
sabiduría. Tan solo el temor del Señor es el comienzo de
estas dos cosas. Pero cuando estudiamos la Palabra de
Dios, ganamos más conocimiento y sabiduría. Ganamos
confianza en conocer a Dios a través de Su Palabra para
nosotros. Ganamos el tipo de riquezas, honor y vida que
solo Dios puede dar.

El mundo tiene su propia sabiduría como la respuesta
a los problemas de la vida. Pero las respuestas del mundo
no llevan a la vida eterna; no llevan al honor que Dios da.
No nos dirigen hacia las riquezas de la gracia derramada
en nosotros en Cristo Jesús, las riquezas de la gloria de Su
herencia en los santos (Efesios 1:18).

El mundo busca la felicidad, pero solo puede encontrar
lo que es fugaz y pasajero. Las respuestas a los problemas
de hoy se extienden más allá de este mundo y al siguiente;
las respuestas del mundo son solo para este mundo. Si
prefieres "Bien hecho, siervo bueno y fiel" a "¡Apártate
de mi, jamás te conocí!" cuando estés frente al Señor que

te creó, tendrás que ir más allá del mundo observando, interpretando y aplicando las respuestas de Dios a los problemas de hoy. Necesitas conocerlas, guardarlas en tu corazón, aplicarlas a tu vida y vivirlas… comenzando ahora si no has comenzado ya.

Antes de que los hijos de Israel entraran a la tierra prometida 3400 años atrás, Moisés resumió la Ley de Dios con este consejo en las planicies de Moab:

> Y ahora, Israel, ¿qué requiere de ti el Señor tu Dios, sino que temas (reverencies) al Señor tu Dios, que andes en todos Sus caminos, que Lo ames y que sirvas al Señor tu Dios con todo tu corazón y con toda tu alma (Deuteronomio 10:12).

Proverbios nos da cientos de aplicaciones prácticas de estos tres requisitos de Deuteronomio. Jesús citó Proverbios una y otra vez para mostrar que la verdad de Dios no tiene tiempo y Sus proverbios son válidos hoy.

Haz de los proverbios tus amigos y compañeros constantes. Léelos una y otra vez. Algunas personas leen un capítulo de proverbios al día, año tras año. Memorízalos. Vive por ellos. Haz tuyas las respuestas de Dios para los problemas de hoy.

Tema de Proverbios:

División por Segmentos

Segmentos Principales		Tema de los capítulos	Autor:
El Clamor de la Sabiduría, Conocimiento y Entendimiento	1		
	2		Fecha:
	3		
	4		
	5		Propósito:
	6		
	7		
	8		Palabras clave:
	9		
Los Proverbios de Salomón y la Sabiduría de los Hombres Sabios	10		mi hijo
	11		sabiduría
	12		(sabio)
	13		conocimiento
	14		entendimiento
	15		temor
	16		mandamiento
	17		instrucción
	18		lengua
	19		necio
	20		justo
	21		maldad
	22		malvado
	23		
	24		
Los Proverbios de Salomón Transcritos	25		
	26		
	27		
	28		
	29		
Palabras y Consejos de Otros	30		
	31		

Notas

1. RV60 insensatos
2. NVI muchachos inexpertos
3. NVI inexperiencia
4. NVI camino de los malvados
5. NVI malvados
6. RV60 enseñanza, ley; NVI corrección
7. RV60 cordura; NVI inteligencia
8. RV60 único delante de mi madre; NVI consentido de mi madre
9. NVI perversos, malvados
10. NVI lo que digo
11. NVI mis consejos
12. NVI adúltera
13. NVI malas obras
14. RV60 mala mujer; NVI mujer malvada
15. RV60; NVI mujer ajena
16. NVI prostituta
17. RV60 joven falto de entendimiento
18. NVI entendimiento
19. NVI dichosos
20. RV60 cordura, inteligencia; NVI inexpertos, discernimiento
21. NVI mujer necia
22. NVI malvado
23. NVI habla
24. NVI malvados
25. RV60 sabiduría; NVI cordura
26. NVI malvados
27. RV60; NVI corrección

NOTAS

28. RV60 blanda respuesta; NVI respuesta amable
29. RV60 palabra áspera; NVI la agresiva
30. NVI aborrece
31. RV60 soberbia
32. NVI camorra
33. RV60 alegrarán; NVI alegraré
34. RV60 ay; NVI lamentos
35. RV60 sabio en su propia opinión; NVI se tenga por sabio
36. RV60 ira; NVI furia
37. NVI perdón
38. RV60 hay generación; NVI hay quienes
39. RV60 sidra; NVI licor

Acerca De Ministerios Precepto Internacional

Ministerios Precepto Internacional fue levantado por Dios con el solo propósito de establecer a las personas en la Palabra de Dios para producir reverencia a Él. Sirve como un brazo de la iglesia sin ser parte de una denominación. Dios ha permitido a Precepto alcanzar más allá de las líneas denominacionales sin comprometer las verdades de Su Palabra inerrante. Nosotros creemos que cada palabra de la Biblia fue inspirada y dada al hombre como todo lo que necesita para alcanzar la madurez y estar completamente equipado para toda buena obra de la vida. Este ministerio no busca imponer sus doctrinas en los demás, sino dirigir a las personas al Maestro mismo, Quien guía y lidera mediante Su Espíritu a la verdad a través de un estudio sistemático de Su Palabra. El ministerio produce una variedad de estudios bíblicos e imparte conferencias y Talleres Intensivos de entrenamiento diseñados para establecer a los asistentes en la Palabra a través del Estudio Bíblico Inductivo.

Jack Arthur y su esposa, Kay, fundaron Ministerios Precepto en 1970. Kay y el equipo de escritores del ministerio producen estudios **Precepto sobre Precepto,** Estudios **In & Out**, estudios de la **serie Señor**, estudios de la **Nueva serie de Estudio Inductivo**, estudios **40 Minutos** y **Estudio Inductivo de la Biblia Descubre por ti mismo para niños.** A partir de años de estudio diligente y experiencia enseñando, Kay y el equipo han desarrollado estos cursos inductivos únicos que son utilizados en cerca de 185 países en 70 idiomas.

CPSIA information can be obtained
at www.ICGtesting.com
Printed in the USA
BVHW081637130323
660320BV00014B/412

9 781621 191872